Josef Wieland

Normativität und Governance

Studien zur Governanceethik

Herausgegeben von Josef Wieland

Band 3

Josef Wieland

Normativität und Governance

Gesellschaftstheoretische und philosophische
Reflexionen der Governanceethik

Metropolis-Verlag
Marburg 2005

Bibliografische Information Der Deutschen Bibliothek

Die Deutsche Bibliothek verzeichnet diese Publikation in der Deutschen Nationalbibliografie; detaillierte bibliografische Daten sind im Internet über <http://dnb.ddb.de> abrufbar.

Metropolis-Verlag für Ökonomie, Gesellschaft und Politik GmbH
Bahnhofstr. 16a, 35037 Marburg, Deutschland
Copyright: Metropolis-Verlag, Marburg 2005
http://www.metropolis-verlag.de
Alle Rechte vorbehalten
Druck: Rosch-Buch, Scheßlitz

ISBN 3-89518-521-4

Inhalt

Die Wahrheit, die wir kennen,
ist logisch die Lüge,
die, indem wir um sie nicht herumkommen,
die Wahrheit ist.

Thomas Bernhard, Der Keller

Vorwort

Es ist nicht ohne eine gehörige Portion Skepsis zu sehen, wenn ein Ökonom sich mit Fragen der Philosophie und Gesellschaftstheorie beschäftigt. Genau das aber ist mit dem hier vorliegenden Buch der Fall. Mit der im Jahre 1999 erschienenen „Ethik der Governance" habe ich die ökonomischen und organisationstheoretischen Grundlagen einer modernen Wirtschafts- und Unternehmensethik neu erarbeitet und in der Folge dann bei verschiedenen Gelegenheiten elaboriert. Reflexionen über die Ethik der Wirtschaft setzen allerdings immer normative Vorstellungen über die Form gesellschaftlicher Kooperation und das Verhältnis öffentlicher und privater Regulierung voraus. Ohne Gesellschaftstheorie und normative Leitvorstellungen gibt es keine Wirtschafts- und Unternehmensethik. Dieses Buch untersucht daher auf der Basis zeitgenössischer philosophischer und gesellschaftswissenschaftlicher Theoriebildung die normativen Grundlagen der Governanceethik, soweit dies mit dem Instrumentarium dieser Theorie selbst möglich ist.

Das griechische und das mittelalterliche wirtschaftsethische Denken referieren auf ein vorgängig gegebenes, naturgemäßes und daher unveränderliches Modell der Gesellschaft. Platon und Aristoteles unterstellen in ihren Ethiken die Verfasstheit und Kultur der Polis, Thomas von Aquino die des Feudalstaates. Spätestens mit der französischen Revolution werden Gesellschaft und Staat als veränderbar, gestaltbar und daher wählbar erlebt und konzipiert. Für die wirtschaftsethische Diskussion hat dies zur Konsequenz, dass das jeweilige gesellschaftstheoretische Referenzmodell expliziert und in die theoretische Konzeption integriert werden muss. Mehr noch: Die gesellschaftstheoretische Fundierung ist zu klären. Dies in einem ersten Zugriff zu leisten, ist ein weiterer Hauptzweck dieses Buches.

Nimmt man beide Aspekte zusammen, dann ist mit diesem Vorgehen die Möglichkeit von Normativität in Gesellschaften zur Debatte gestellt, die ihre funktionale Differenzierung nicht hintergehen können. Ich werde dafür argumentieren, dass moderne Gesellschaften ihre normativen Grundlagen nicht systemumspannend von einem gleichsam archimedischen Punkt aus gewinnen und in die Gesellschaft einspeisen können, sondern dass diese Möglichkeit nur noch durch die kategorial gesteuerte strukturelle Kopplung differenter Systembezüge im Vollzug partikularisierter und temporalisierter Transaktionen gegeben ist. Governance selbst ist damit ein normativ aufgeladener und Normativität produzierender Vorgang. Daraus ergibt sich eine Reihe von Anschlussfragen, die sich auf die Entwicklung einer Theorie moralischer Anreize und der Tugend individueller und kollektiver Akteure beziehen. Die Analyse und Klärung dieser Fragen zeigt, dass die Governanceethik eine starke Tu-gendethik ist. Im Verlauf der Untersuchungen werden die gesellschaftstheoretischen, philosophischen und methodologischen Grundlagen der Governanceethik – und damit zugleich wesentliche Aspekte jeder modernen Wirtschafts- und Unternehmensethik – herausgearbeitet und in den Horizont neuer Forschungsfragen gestellt.

Der Anspruch dieses Textes ist explorativer Natur und work in progress. Dies hängt mit meiner Überzeugung zusammen, dass eine Wirtschafts- und Unternehmensethik für das 21. Jahrhundert sich nicht deduktiv aus schon etablierten Großtheorien und Meisterdenkern herleiten lässt, sondern von Grund auf erarbeitet werden muss.

Ich danke vor allen Dingen den Kollegen der Konstanzer Gespräche zur Governanceethik, deren Beiträge und Anregungen mir geholfen haben, Stärken und Schwächen der Governanceethik klarer zu sehen, offene Forschungsfragen zu definieren und fehlerhafte Vorstellungen auf meiner Seite zu berichtigen. Eine Zeitung hat diese Treffen zu Recht „theoretische jam sessions" genannt. Herrn Michael Fürst danke ich für eine Reihe sehr guter und fruchtbarer Diskussionen. Meine Assistentin, Frau Karin Ewert, hat unermüdlich verschiedene Fassungen dieses Buches redigiert, wofür ich ihr ebenfalls zu Dank verpflichtet bin.

Konstanz, im Juli 2005

Josef Wieland

I. Kapitel
Der gesellschaftstheoretische Kontext

I.

Die Globalisierung von Wirtschaft und Gesellschaft hat, geschichtlich gesehen, eine ganze Reihe neuer Aspekte bezüglich der moralischen Akteure und Standards aufgeworfen, die für nationale und internationale wirtschaftliche Transaktionen und Kooperationen in Anspruch genommen oder gelten sollen.

Eine der folgenreichsten dieser Entwicklungen ist, dass die Adressaten dieser neuartigen moralökonomischen Diskurse heute im Wesentlichen die Unternehmen als Organisation und nicht die Unternehmer oder Manager als individuelle Personen der Wirtschaft sind. Die Wirtschaftsethiken von Platon und Aristoteles bis hin zu den christlichen Sozialethiken der ersten Hälfte des 20. Jahrhunderts fokussieren und adressieren hingegen gerade individuelle und nicht kollektive Wirtschaftssubjekte. So etwa exemplarisch die letzte der klassischen Wirtschaftsethiken, Arthur Richs zwei Bände der „Wirtschaftsethik"[1], in denen nur im zweiten Band einige dürre Worte zur Unternehmung fallen, die allerdings in der gesamten Erörterung systematisch keine Rolle spielen.[2] Die Polis oder der Staat, die Oikonomia oder der Betrieb bilden in dieser Tradition die kulturelle, rechtliche und organisationale Governance, in der sich die Tugenden des einzelnen Wirtschaftsakteurs ausdrücken können und bewähren müssen. Aber der Adressat ist immer die individuelle Person. Ethik und Moral der modernen Wirtschaft des 21. Jahrhunderts aber wenden sich nicht mehr alleine an das Wirtschaftsindividuum, sondern direkt und immer häufiger in erster Linie an Unternehmen, an kollektive Akteure.

Neu der Art, wenn auch nicht immer der Substanz nach, sind auch die moralischen Problemstellungen. Im Rahmen der Corporate Governance

---

[1] Vgl. Rich 1990.

[2] Vgl. für das gleiche Phänomen die spät herausgegebene Wirtschaftsethik von A. Marx 2003.

sind Fragen der Rechtstreue und der Integrität von Management und Füh-
rungskräften zu entscheidenden Faktoren für die Entwicklung und Siche-
rung von Unternehmen geworden. Ehrlichkeit, Aufrichtigkeit, Verläss-
lichkeit, um nur einige Werte zu nennen, waren gewiss grundlegende
Charaktereigenschaften des xenophonischen „oikonomikos" und des neuzeitlichen „ehrbaren Kaufmanns", so wie sie es heute noch für jeden
Eigentümer und Manager sein sollten. Aber moderne Gesellschaften setzen nicht allein auf Charakter, sondern auf organisierte Compliance, die
„law driven" ist, und auf strukturelles Wertemanagement, das „values
driven"[3] ist.

Auf der internationalen Ebene geht es für die Unternehmen um die
Wahrnehmung sozialer Verantwortung mit Blick auf die Schaffung und
Erfüllung globaler Sozialstandards, wie die Abschaffung von Kinder-
und Sklavenarbeit oder die Gewährung von angemessenen Arbeits- und
Sicherheitsbedingungen. Die Kommission der Europäischen Union er-
wartet von den Unternehmen daher Anstrengungen auf dem Gebiet der
Corporate Social Responsibility, und der Generalsekretär der UN hat sie
aufgerufen, ihre Investitionen in Ländern der Dritten Welt mit einem
Global Compact für Menschenrechte, Sozialstandards, Umweltschutz
und Kampf gegen Korruption zu begleiten.[4]

Auch auf der nationalen Ebene werden die Unternehmen mit der Forderung nach Corporate Citizenship und „bürgerschaftlichem Engagement" konfrontiert, und das heißt im Kern nichts anderes, als dass ihnen
als Unternehmen der Wirtschaft eine politische Bürgerrolle zugeschrie-
ben wird.[5] Die Schaffung von Arbeits- und Ausbildungsplätzen, das soziale oder politische Engagement in den Problemfeldern der Region oder
Kommune, die Förderung von Kunst und Kultur – dies sind nur einige
der Aufgabenfelder, die Unternehmen als moralisch begründetes Bürger-
engagement abgefordert werden.

Das sind aus meiner Sicht einige wesentliche, wenn auch sicherlich
nicht die einzigen Stichworte einer Entwicklung der letzten zwanzig
Jahre, die zur Renaissance der Wirtschafts- und Unternehmensethik als
Management- und Identitätsproblem für Unternehmen und deren Mitglieder geführt haben. Ökonomische, soziale und ökologische Nachhal-

---

[3] Vgl. für diese Unterscheidung Paine 2002.

[4] Vgl. für Anschauungsmaterial aus der Wirtschaft Fussler 2004.

[5] Vgl. für empirische Daten Wieland 2002c und für Case Studies Wieland 2003b.

tigkeit in der Entwicklung von Unternehmen und Gesellschaft ist das dabei von allen Beteiligten anvisierte Ziel. Integrität der Unternehmenskultur, Moral und Werte als Handlungsoptionen in allen Bereichen der Organisation und auf allen Feldern des Geschäfts sind damit nicht nur eine von externen Stakeholdern an das Unternehmen getragene Forderung, sondern sie sind zugleich strategische Erfolgsfaktoren guter Unternehmenspraxis und gesellschaftlicher Wohlfahrt. Milton Friedman, bekannt für sein Statement „The social responsibility of business is to increase its profits" aus den 70er Jahren, sieht heute die Dinge differenzierter: „The role of companies in society is undergoing a profound and fundamental change. Social expectations are very different from what they were ten or even five years ago. No longer are only products being assessed by consumers; the companies behind the products are being assessed as well. Some companies have awakened public scrutiny through bad behavior, other companies have invited public praise and appreciation for good behavior. BP saw what happened to Shell in Nigeria and didn't want the same thing to happen to them in Angola. Companies are seeing a real competitive advantage in adopting a positive corporate social profile, not just a marketing advantage."[6] Ethik und Moral sind hier nicht mehr in der standardökonomischen Rolle eines zu minimierenden, gesellschaftlich induzierten Kostenfaktors oder eines für das operative Geschäft belanglosen philanthropischen added value, sondern Voraussetzung für das Gelingen von nationaler und globaler Transaktions- und Kooperationsfähigkeit wirtschaftlicher Akteure.

Aber auch die alteuropäische philosophische Vorstellung einer Ziele setzenden Herrschaft der Ethik über die Wirtschaft als bloßem effizientem Erfüllungsgehilfen der Ethik greift nicht mehr. Die Tatsachen sind aus beiden Vorstellungswelten, der ökonomischen und der philosophischen, ausgewandert. Dies wird sehr deutlich, wenn wir die Resultate der 41. Sitzung des Economic und Social Council der UN analysieren, der sich mit dieser Entwicklung befasst hat. Die dortige Diskussion hat eine auf Differenz abstellende Definition von Corporate Social Responsibility und Corporate Citizenship erbracht, die zweierlei zeigt: Moral in der Wirtschaft ist ein Managementproblem, und sie ist das Problem eines kollektiven Akteurs:

---

[6] Zitiert nach Hollender/Fenichell 2004, S. 34 f.

„68. Corporate social responsibility is a widely used concept to describe specific decision-making policies of the business community that are: linked to ethical values; in fully compliance with existing legal requirements; and show respect for people and the priorities of local communities, including environmental protecting. This social responsibility, combined with corporate responsibility to a range of stakeholders, notably consumers, employees and their representatives, investors and shareholders, is assessed in terms of meeting a growing range of standards.

69. Corporate citizenship entails a similar approach, and is often used interchangeably with corporate social responsibility, although, it is potentially wider in scope, implying an active role for private sector entities as "citizens", having both rights and responsibilities. In addition to adopting the business policies and practices of corporate social responsibility, corporate citizenship is geared, in particular, to maximizing private sector contributions to social development without undermining business practices. The concept of corporate citizenship goes beyond focusing on compliance, responding to external scrutiny or simply minimizing negative impacts, thereby engaging the private sector in a more proactive way to actively search out and pursue ways to promote social development."

Auf einen Nenner und auf eine Definition gebracht: Corporate Social Responsibility ist ein in Leitlinien, Organisationsanweisungen und Verfahren materialisiertes werte- und normengeleitetes Management zur Lösung sozialer und ökologischer Problemlagen. Die Definition dessen, was eine solche Lage auszeichnet, vollzieht sich über Stakeholder und gesellschaftliche Standards. Corporate Citizenship wird demgegenüber demokratietheoretisch angesetzt, nämlich als die Rechte und Pflichten des Unternehmens als moralisch proaktiver kollektiver Bürger. „Citizen" steht hier weniger für einen legalen Status als vielmehr für eine gesellschaftlich erwartete Haltung und ein Verhalten der Unternehmen.

II.

Es ist nur schwer zu übersehen, dass sich hinter der im ersten Abschnitt dieses Kapitels skizzierten Entwicklung eine Verschiebung in der Steuerungstektonik moderner Gesellschaften abspielen muss. Denn wenn wir die im ersten Abschnitt angeführten Phänomene und Definitionen Revue passieren lassen, dann sehen wir, dass ehemals politische (wie Menschenrechte und internationale Sozialstandards) oder rechtliche Aufgabenstellungen (wie Prävention von Korruption) der Wirtschaft als politische und zugleich ökonomische Anforderung zugerechnet werden. Nicht im Sine einer Verdrängung von Politik und Recht durch Wirtschaft, sondern eher als Akt der Konstituierung eines politisch-ökonomischen Netzwerks.[7] Dem Staat als Akteur tritt die Unternehmung an die Seite; die Entscheidungslogik des politischen Systems wird gekoppelt mit dem der Wirtschaft. Dies ist einer der Wege, mit denen die westlichen Gesellschaften auf das gegen Ende des letzten Jahrhunderts deutlich werdende und durch die Globalisierung entstandene politische Institutionendefizit reagieren: Öffentliche und private Steuerungsregimes werden im „New Public Management" so aufeinander abgestimmt, dass die notwendigen Ressourcen der Problemlösung, Expertise und Durchsetzungsmacht mobilisiert werden können. Ich habe an verschiedenen Stellen diese Entwicklung erörtert[8], und das Ergebnis der dort vorgetragenen Analyse läuft auf die These hinaus, dass moderne Gesellschaften steuerungstechnisch Organisationsgesellschaften sind und dass Unternehmensorganisationen in Zeiten der Globalisierung, also auf unabsehbare Zeit, eine wesentliche gesellschaftliche Steuerungsaufgabe zufällt. Unternehmen sind das Rückgrat moderner Gesellschaften. Von der Integrität und Effektivität ihrer Dienstleistungen und Güter hängt das Gelingen des individuellen Lebens und gesellschaftlicher Wohlfahrt entscheidend ab.[9] Daher auch das Phänomen, dass sie bevorzugter Adressat moralischer Erwartungen und zugleich des Bedürfnisses sind, deren Erfüllung auch zu kontrollieren. Im Hinblick auf diese soeben entwickelten Funktionen sind Unternehmen heute in ihrer gesellschaftlichen Bedeutung auf Augenhöhe mit der politischen Organisation „Staat", der im westlichen Denken bis weit in das 20. Jahrhundert in dieser Hinsicht eine Dominanzstellung inne hatte.

Weiterhin – dieser Gesichtspunkt ist nicht minder wichtig und hängt folgerichtig mit dem soeben erörterten Gesichtspunkt der Steuerung zusammen – stellt sich vor diesem Hintergrund die Frage der Integration

---

[7] Zur Diskussion in den Politikwissenschaften vgl. Jessop 1997 sowie V. Fürst 2004 und Rhodes 2000.

[8] Vgl. vor allem Wieland 1999, S. 37 ff. und die dort angeführte Literatur.

[9] Vgl. für diesen Gesichtspunkt Paine, a.a.O.

der Gesellschaft neu. Allen entwickelten Gesellschaften ist gemein die Unterscheidung verschiedener Handlungsbereiche, also etwa Politik, Recht, Wirtschaft, Kultur, Familie und so weiter. Worin sich Gesellschaften hingegen unterscheiden, ist die intelligible Ordnung dieser Bereiche zueinander und damit ihre Integration als ein Ganzes, das den Begriff „Gesellschaft" erst als sinnvoll erscheinen lässt. Ob Gesellschaft als Vereinigung realer Bürgeraktivitäten oder als von diesen losgelöste abstrakte Form verstanden wird, ist keine Tatsachenfrage, sondern das Ergebnis intellektueller Ordnungsbemühungen. Die Systemtheorie[10] arbeitet an dieser Stelle mit der Unterscheidung von stratifizierten und funktional differenzierten Gesellschaften. Stratifizierten Gesellschaften gelingt es, ihre verschiedenen Bereiche hierarchisch zu ordnen und von einem archimedischen Punkt aus zu integrieren. So etwa die alteuropäischen Gesellschaften, in denen zwar Politik und Ethik über die Ökonomik herrschen sollten, aber alle drei Bereiche wiederum einzuordnen waren in eine Metaphysik, von der aus sich der handlungsstrukturierende Sinn des Ganzen der Gesellschaft ergibt. In diese Welt alteuropäischer Hierarchien gehört auch die Vorstellung eines „Primats der Ethik" über die Wirtschaft, der ein solches ganzheitliches Ordnungsgefüge, in dem es natürlicherweise oben und unten, besser und schlechter gibt, denknotwendig und allen Einzelbereichen des Handelns vorausliegend voraussetzt. Dieser archimedische Punkt mag die Wohlgeordnetheit des Kosmos, die Welt der Götter, Gott oder eine göttlich begründete Führungsfunktion sein; in allen Fällen ist er dazu bestimmt, die integrierende Ordnungsform der Gesellschaft vor und jenseits aller Bereichseinteilungen zu definieren und zu bewerkstelligen. Mit religiösen oder philosophisch-moralischen Ganzheitssemantiken, exemplarisch die mittelalterliche Scholastik, versuchen diese Gesellschaften die Ordnung des sozialen Lebens zu begründen und damit zugleich zu erzeugen. Diese kann ihre Legitimität natürlicherweise nicht aus der Logik eines der Teilbereiche der Gesellschaft beziehen, sondern nur aus einer Entität, die diesen allen voraus und zu Grunde liegt. Nur darin kann sich ihr gemeinsamer Sinn zeigen und dieser als Fluchtpunkt ihrer Zusammengehörigkeit wirken.

Über genau diese Möglichkeit verfügen moderne, funktional differenzierte Gesellschaften nicht. Individualismus und Liberalismus, Demokratie und Toleranz, Rationalität und Wissenschaft sind Resultate der

---

[10] Vgl. etwa Luhmann 1987, 1997.

Aufklärung, die keinen ganzheitlichen archimedischen Punkt der Integration zulassen. Politik und Recht, Ökonomie und Moral entwickeln sich zu autonomen Funktionssystemen mit eigenen Entscheidungslogiken und Sprachspielen, die inkompatibel sind. So kann der Arbeitsplatzverlust in Deutschland und der Arbeitsplatzgewinn in Entwicklungs- oder Schwellenländern ökonomisch rational begründet und dann faktisch entschieden werden. Moral aber wäre nicht nur hoffnungslos überfordert, ein klares Entscheidungskriterium für die Vorzugswürdigkeit, sagen wir deutscher oder indonesischer Arbeitsplätze, zu definieren. Selbst wenn sie eines bilden könnte, würde dessen Anwendung bei Nichtkompatibilität an den Autonomieansprüchen der Ökonomie scheitern. Eine Entscheidung zugunsten der Moral durch das ausgeschlossene Dritte, sagen wir Politik und staatliche Verwaltung, ist dann zwar noch möglich, aber nicht immer, um es moderat zu formulieren, im Sinne der Moral zum Ziel führend. Der Versuch, alle Systeme der Gesellschaft in einem Funktionssystem, sagen wir der Politik oder der Wirtschaft, abzubilden, ist charakteristisch für das 19. und 20. Jahrhundert. Es ist die Globalisierung der Welt, die reale Diversifität der politischen Ordnungen und moralischen Überzeugungen, die die Idee des ideologisch gesteuerten Staates als archimedischen Punkt gesellschaftlicher Integration, so wie sie sich in den totalitären Regimes des 20. Jahrhunderts letztlich ausdrückte, endgültig zerstört hat. Und es ist die gleiche Globalisierung, die die Mitte der siebziger Jahre des vergangenen Jahrhunderts aufkommende Idee eines „ökonomischen Imperialismus" auf ihre politischen Voraussetzungen zurückverwiesen hat.

In funktional differenzierten Gesellschaften ist, wie bereits gesagt, ein solcher archimedischer Punkt oder ein alle anderen Systeme dominierendes Supersystem als gemeinsamer Integrationspunkt, der zugleich für alle Systeme Handlungsrelevanz besitzt, nicht mehr möglich. Dies scheitert an den Autonomieansprüchen der Funktionssysteme und an den je eigenen Codierungen und Entscheidungslogiken dieser Systeme, die sich nicht auf einen gemeinsamen Referenzpunkt beziehen oder aus einem gemeinsamen Sprachspiel heraus entwickeln lassen. Dass die Wirtschaft in einer operativ geschlossenen Weise interne und externe Ereignisse entlang der Differenz (Zahlungs-)Nachfrage/(Zahlungs-)Angebot bewertet, ist ebenso als gegeben hinzunehmen wie die operativ geschlossene Codierung des Moralsystems entlang der Differenz gut/schlecht. In dieser Ordnung kann Integration, und dies ist die dritte Variante, als temporäre

Inklusion und Exklusion von Systementscheidungen in Systementscheidungen mittels Kommunikation verstanden werden, die sich über die
strukturelle Kopplung autonom codierender Systeme vollzieht.[11] Das ist
eine der grundlegenden Thesen dieses Buches, die im Hinblick auf die
Funktionssysteme der Moral und der Wirtschaft entfaltet werden soll.
Was aber sind die Konsequenzen dieser Annahme für das Thema der
Wirtschafts- und Unternehmensethik? Wenn die Tradition der Dominanz
der Ethik über die Wirtschaft und der Moral über die Unternehmung
nicht mehr erreichbar ist, wie ist dann der Bezug der beiden Bereiche zueinander und im Prozess der Integration einer Gesellschaft zu verstehen?
Jede Konzeption einer Ethik für und in der Wirtschaft der Moderne muss
diese Frage beantworten.

   Das von mir entwickelte theoretische Konzept und Forschungsprogramm einer Governanceethik[12] arbeitet diese Thematik unter dem Begriff „Simultanität der Governance" ab. Simultanität meint das „Zugleichsein", die Gleichzeitigkeit im Sinne der Gemeinschaft distinkter
und nicht aufeinander rückführbarer Sprachspiele im Hinblick auf die
Transaktionen der Gesellschaft und deren Wirtschaft. Sie meint das Zusammenspiel und -wirken differenter Systemlogiken im Hinblick auf die
gelingende Abwicklung abgegrenzter sozialer Transaktionen, mit dem
Ziel, den Prozess gesellschaftlicher und wirtschaftlicher Kooperation zu
ermöglichen. Anders als Luhmann[13] verstehe ich den Prozess struktureller Kopplung gesellschaftlicher Systeme nicht als Digitalisierung analoger Kommunikation, in dem der Systembezug durch den Übergang von
Parallelität zur Seriellität, also von einem beziehungslosen Nebeneinander zu einem Beziehung schaffenden Nacheinander der Kommunikation
hergestellt wird, sondern als Zugleichsein differenter Kommunikation im
Hinblick auf ein von allen beteiligten Systemen als relevant wahrge-
nommenes Ereignis. Die Governanceethik akzeptiert also zunächst einmal die *kommunikativ* gegründete Entfremdung von Ökonomie und Moral als nicht hintergehbares und positiv zu bewertendes gesellschaftliches
Faktum. Die tradierten Codes von Moral (gut/schlecht) und Ökonomie

---

[11] Vgl. hierzu und zu den folgenden eigenen Überlegungen Luhmann 1997, S. 779
ff.

[12] Vgl. Wieland 2001b, 2004a und 1999.

[13] Luhmann 1997, S. 101 f., sowie mit Anwendung auf die Governanceethik
Schramm 2004.

(Nachfrage/Angebot oder Aufwand/Ertrag auf der Unternehmensebene) sind inkompatibel und erzeugen füreinander nur noch kommunikatives Rauschen, das zu keinen wirksamen Handlungen in den jeweiligen Systembereichen führt. Die seit nunmehr einem Jahrzehnt anhaltenden erfolglosen öffentlichen Diskussionen über die Schaffung von Arbeitsplätzen sind hier ein gutes, wenn auch trauriges Beispiel. Allerdings bildet die Kommunikation der Funktionssysteme auch wechselseitiges und permanentes Irritationspotential, aus dem sich auf der Grundlage der eigenen Sprachspiele und Entscheidungsmuster durch die Funktionssysteme lernen ließe. Diesen Lernprozess in eine bestimmte Richtung zu treiben bedarf es struktureller Kopplungen zwischen den autonomen Funktionssystemen, etwa der Politik und der Wirtschaft, mit denen die Integration der Gesellschaft als fragmentiertes und temporalisiertes Ereignis auf der Ebene der Organisationssysteme der Funktionssysteme gelingen kann.[14]

Fragmentiert heißt, die Integration wird jeweils nur innerhalb der einzelnen Transaktionen und nicht zwischen ihnen möglich. *Temporalisiert* heißt, dass diese Form kontinuierlich entschwindet und auftaucht, weil sie an die endlose Zahl der Transaktionen und der Akte der Kooperation einer Gesellschaft gebunden bleibt, die diese ausmachen. Die Integration der modernen Gesellschaft verdankt sich in dieser Sichtweise einem kontinuierlichen Lern- und Entwicklungsprozess der Funktionssysteme auf der Ebene ihrer Organisationen, der sich a) in begrifflicher Arbeit an moralökonomischen Kategorien und b) in der Gestaltung von Governancestrukturen der Organisationssysteme der Funktionssysteme ausdrückt. Auf diese Kategorien und Governancestrukturen können sich dann alle Systeme beziehen, und sie können von ihnen gemeinsam in Anspruch genommen werden. Kategorien wie Eigentum, Tausch, Vertrag, Werte, Anreiz, Governance und Nutzen sind solche gemeinsamen Fermente struktureller Kopplung, deren funktionsspezifische Erarbeitung in wissenschaftlichen und öffentlichen Diskursen ge- oder misslingt und die dann wechselseitige kommunikative Strukturen zur Irritierung und Orientierung von Funktionssystemen repräsentieren, aus denen sich auf der Basis der eigenen Funktionslogiken voneinander lernen lässt.

---

[14] Vgl. Wieland 2004a, S. 253 f.; Luhmann 1997, S. 780.

Abb. 1: Simultanität struktureller Kopplung

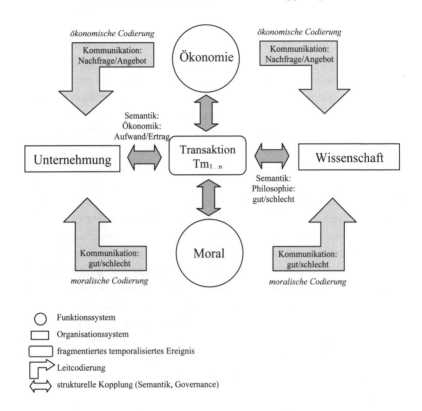

Firmen- und transaktionsspezifische Steuerungsmedien wie ein Code of Ethics oder ein Wertemanagementsystem sind Strukturen der Governance, auf die sich das moralische und das wirtschaftliche System einer Gesellschaft ebenfalls gemeinsam beziehen können. Es gibt also kein „Kopplungssystem"[15] zwischen den Funktionssystemen, sondern strukturelle Kopplung meint einen kategorial orientierten Kommunikationsprozess auf der Ebene der in dieser Hinsicht offenen Funktionssysteme, die sich dazu eines Reflexionssystems wie etwa Wissenschaft oder Philosophie bedienen, und einen simultan dazu ablaufenden Strukturierungsprozess in der Governance der dazugehörenden Organisationssysteme. Der

---

[15] Luhmann, a.a.O., S. 787.

Platz der Ethik in der modernen Weltgesellschaft liegt weder an einem extramundanen noch an einem systematischen Ort, sondern in der gelingenden Simultanität von Diskurs und Struktur, von Normativität setzendem Dialog und Faktizität schaffender Governance.

Abbildung 1 zeigt den soeben entwickelten Mechanismus der Integration funktional differenzierter Gesellschaften, so wie er von der Governanceethik als wirksam in modernen Gesellschaften angenommen wird. Dieses Schaubild zeigt am Fall der Wirtschafts- und Unternehmensethik die simultan ablaufende Prozessstruktur, die ein solches Kommunikationsangebot unter der Bedingung funktionaler Differenzierung als erfolgreiches überhaupt erst denkbar werden lässt.

Fragmentierte und temporalisierte Basis des Integrationsprozesses sind hier moralökonomische Transaktionen $Tm_{1...n}$, die von einer Unternehmung durchgeführt werden. Moralökonomische Transaktionen sind ökonomische Transaktionen einer Firma, die eine immanente moralische Dimension haben, also etwa Kinderarbeit oder Arbeitsverträge. Diese moralische Dimension ist das Ergebnis ethischer Diskurse in der Gesellschaft, die sich durch Zuschreibung an ökonomische Transaktionen anheften, die damit moralische Güter oder Moralgüter transferieren. Ich werde darauf später noch ausführlich eingehen. Unternehmen, die eine Transformationsleistung erbringen, sind die Organisationssysteme des Funktionssystems Ökonomie und sind damit dessen Leitcodierung Nachfrage/Angebot auf der Grundlage einer eigenen Leitcodierung Aufwand/Ertrag letztlich unterworfen. Organisationssysteme aber sind polylingual verfasst, das heißt, die Unternehmen der Wirtschaft können und müssen verschiedene systemische Sprachspiele – Ökonomie, Recht, Moral, Kultur, Technik und so weiter – verstehen, deren organisations- und transaktionsspezifische Relevanz rekonstruieren und deren integrativen Bezug simultan über geeignete Governancestrukturen organisieren. Damit dies gelingt, bedarf es einer „strukturellen Drift" (Luhmann) der kommunikativ offenen Funktionssysteme, die gesteuert und gefördert werden kann durch die auf sie bezogenen Reflexionssysteme. In unserem Beispiel wäre dies etwa das Wissenschaftssystem mit seinen Disziplinen „Wirtschaftswissenschaft" und „Philosophie" oder auch „Wirtschafts- und Unternehmensethik". Hier muss die Arbeit an den soeben angeführten Kategorien für eine simultane Kommunikation geleistet werden, deren Ergebnis es nicht ist, ein gemeinsames Problemverständnis quer durch alle Funktionssysteme zu erzeugen – dies scheitert an der organisationalen Geschlossenheit und der Autonomie dieser Systeme –, sondern deren Ergebnis es nur sein kann, durch kategoriale Irritation jene kommunikative Aufmerksamkeit in den Funktionssystemen zu schaffen, die dafür sorgt, dass auf der Ebene der Organisationssysteme Governancestrukturen entwickelt werden, die es diesen erlauben, die Konsequenzen der Funktionskommunikation zu internalisieren und abzuarbeiten. Es handelt sich um eine Art funktional differenziertes Agenda-Setting für den Diskurs einer Gesellschaft. Zwar bestimmen dann Ökonomie und Philosophie nicht mehr wechselseitig füreinander, was unter „Ethik" zu verstehen sei, wohl aber, dass „Wirtschafts- und Unternehmensethik" ein legitimes und relevantes Item auf dieser Agenda ist, das begrifflich über „Werte" abgearbeitet und in strukturierte Governance überführt werden muss.

Wirtschafts- und Unternehmensethik sollte daher nicht als „Paralleldiskurs", wie in der Wirtschaftsethik des „ökonomischen Imperialismus", verstanden werden, weil dessen analoger Charakter nur ein beziehungsloses Nebeneinander bedeuten würde, das mit Blick auf die Normativität der Gesellschaft indifferent wäre und nur über die Einführung von Hierarchie (Ökonomie dominiert Ethik) in eine Entscheidungsform gebracht werden könnte.

Wirtschafts- und Unternehmensethik kann ebenfalls nicht als digitaler „Diskurs" verstanden werden, da die notwendige Vorzugsregel gleichfalls der Hierarchie bedarf und sich wie in den diskursethischen Modellen der Unternehmensethik in einem gelingenden „Primat der Ethik" über die Wirtschaft ausdrücken müsste. Der aber ist nicht möglich in modernen Gesellschaften. Wie weit funktionale Differenzierung hier durchgreift, mag man allein daran ersehen, dass Diskursethiker einerseits auf die prinzipielle Gleichwertigkeit und die Macht des besseren Arguments abstellen, andererseits aber einen „Primat der Ethik" über die Wirtschaft behaupten, der aus ihren philosophischen Überzeugungen rationaler Diskurse nicht abgeleitet werden kann. Dass Moral sui generis ein vorzugswürdiger Entscheidungsalgorithmus ist und gegenüber der Ökonomie oder dem Recht immer das letzte Wort behalten sollte, ist in modernen Gesellschaften eine abwegige Vorstellung, die ziemlich viel Unheil über die Menschen gebracht hat und noch bringt.

Luhmann begründet den digitalen Charakter struktureller Kopplung letztlich mit der operativen Geschlossenheit, also der Entscheidungsautonomie der Funktionssysteme. Dieser Überlegung kann man zustimmen, solange es darum geht zu verstehen, wie etwa das ökonomische System moralische Kommunikation in seiner Umwelt bearbeitet. Es wird sich dann finden, dass sie dort entlang der Leitcodierungen des Ökonomischen rekonstruiert werden muss, um Relevanz für Moral in der Ökonomie zu erzeugen. In diesem Sinne sind moralökonomische Diskurse immer ökonomische Diskurse.[16] Diese theoretische Lage ändert sich allerdings, wenn wir die Integration der beiden Systemlogiken (Ökonomie/Moral) auf der Ebene der Governance einer Transaktion durch ein polylingual verfasstes Organisationssystem beziehen. Dort kann eine strukturelle Kopplung sich nur simultan vollziehen, weil im Begriff der Polylingualität immer schon mitläuft, dass wir es mit dem Zugleichsein unterschiedlicher Kontexte im Hinblick auf einen Kontext (Organisation, Transaktion) zu tun haben. Während also auf der Ebene des Funktionssystems Ökonomie moralökonomische Diskurse immer und notwendig ökonomische Diskurse sind, sind sie moralökonomische Diskurse auf der Ebene der Organisationssysteme. Gerade darin drückt sich nicht nur Polylingualität und Polykontextualität aus, sondern auch die gelingende Integration gesellschaftlicher Diskurse. Fragmentiert, weil sich moralökonomische Diskurse nur auf eine distinkte Transaktion (Tm) beziehen (und nicht auf das Wesen der Organisation, sagen wir eines Unternehmens), und temporalisiert, weil diese Kommunikation im Vollzug der Transaktion (Tm) auftaucht und wieder entschwindet, Relevanz erhält und wieder verliert, nicht schlechthin da ist, sondern immer wieder von den Akteuren erarbeitet und eingespeist werden muss. Darin liegt das Wesen des Lernprozesses.

Die vertiefte Analyse dieser hier nur angedeuteten Zusammenhänge steht im Mittelpunkt der Untersuchungen dieses Buches. Die Kategorien „Governance" und „Anreiz" werden dabei im Vordergrund des Interesses stehen. Die Unternehmung als Struktur der Governance, das Medium der Corporate Governance als Element einer umfassenden Simultanität der firmen- und transaktionsspezifischen Governance, bildet den zweiten Schwerpunkt der Erörterung.

Es ist, so die grundlegende These dieses Buches, die gelingende Simultanität begrifflicher Arbeit und der Governance differenter Systemlogiken, die den Prozess gesellschaftlicher und wirtschaftlicher Kooperation in modernen Gesellschaften kommunikativ und strukturell

---

[16] Vgl. hierfür zutreffend Schramm 2004, S. 80 f.

integriert. Die Einheit und Integration moderner Gesellschaft, ihr gemeinsamer Sinn, liegt nicht in einer Systeme umspannenden Totalität,
sondern im immerwährenden Aufscheinen und Entschwinden gelingender Simultanität systemischer und daher differenter Entscheidungslogiken in der Governance der Transaktionen einer Gesellschaft. Die Bereitschaft und Fähigkeit individueller und kollektiver Akteure, dies als ihre
Gestaltungsaufgabe zu erkennen, zu akzeptieren und zu organisieren –
darin besteht das Wesen der Tugend der Governance.

III.

Im nächsten Kapitel werde ich die methodologischen und erkenntnistheoretischen Grundlagen der Governanceethik, so weit sie bisher entwickelt sind, zusammenfassend darstellen und kritisch reflektieren. Dieses
Kapitel dient als Einführung in die weitere Vertiefung und Entwicklung
des bisher skizzierten Problemhorizonts.

Im dritten und vierten Kapitel werde ich versuchen zu zeigen, dass der
philosophische und normative Aspekt der Governanceethik im Begriff
der Governance selbst steckt, weil und insofern er die Integration der differenten Systemlogiken der Moral und der Ökonomie ermöglicht. Governance ist ein Begriff struktureller Kopplung, die sich vor allem im polylingualen Charakter von Organisationssystemen, wie es die Unternehmen
der Wirtschaft sind, realisiert. Governance, die dies ermöglicht, ist selbst
eine Tugend.

Im fünften Kapitel werde ich die Grundlinien einer Theorie moralischer Anreize entwickeln. Der Begriff „Anreiz" ermöglicht die kommunikative Kopplung von wirtschaftlichen und moralischen Wahrnehmun-
gen, weil er im Bereich beider Funktionssysteme eine dominante Rolle
spielt. Ökonomisches und moralisches Handeln und Verhalten folgt Anreizen, die sich in ökonomischen und moralischen Gütern materialisieren,
die in einer konstitutiven Weise aufeinander bezogen sind.

Die Wahrnehmung, Unterscheidung und Kopplung differenter Systemlogiken ist prinzipiell in der Polylingualität von Individuen und Organisationen verankert. Das Funktionssystem „Ökonomie" versteht nur
die Sprache der Preise und alles muss einen Preis haben, wenn es dort
verstanden werden soll. Ebenso das Funktionssystem „Moral", das mit
der Unterscheidung gut/schlecht Perfektionskriterien für Wahlentschei-

dungen liefert. Nicht so individuelle und kollektive Wirtschaftsakteure, also Manager und Unternehmen, als personale Akteure und Organisationssysteme des Funktionssystems „Markt". Beide, vor allem aber kollektive Akteure, sind in der Lage, ökonomische, rechtliche, moralische, kulturelle oder technische Codierungen von wirtschaftlichen Sachverhalten als Differenz zu verstehen und für die Lösung ihrer Probleme und Erreichung ihrer Ziele zu nutzen. Mehr noch: Diese Fähigkeit kollektiver Akteure ist eine ihrer Bestandsvoraussetzungen und Stabilitätsbedingungen und macht sie damit zur zentralen Form der Governance der strukturellen Kopplung von Moral und Ökonomie in modernen Gesellschaften. Die eingangs dieses Kapitels angeführten Sachverhalte aus dem Bereich der zeitgenössischen Wirtschafts- und Unternehmensethik finden auf diese Weise ihre Erklärung.

Schließlich werde ich im letzten Kapitel die Ergebnisse der Diskussion in der Form von zugespitzten Thesen zusammenfassen. Damit soll nicht zuletzt die kritische Erörterung der in diesem Buch entwickelten Analyse gefördert werden. Denn auch für dieses Buch gilt, dass es Ausdruck eines work in progress und dass sein theoretischer Anspruch explorativer Natur ist.

II. Kapitel
Der methodologische Kontext

I.

Aus der Perspektive der ökonomischen Theorie der Institutionen und Organisationen[17] sind die wirtschaftsethischen Überzeugungen einer gegebenen Gesellschaft oder die moralischen Dispositionen wirtschaftlicher Akteure integraler Bestandteil der Führung, Steuerung und Kontrolle ökonomischer Transaktionen.[18] Mit anderen Worten: Sie sind Bestandteil der Governancestrukturen für wirtschaftliche Tauschhandlungen. Die Adressaten für moralische Erwartungen und Regeln sind individuelle und kollektive Akteure, also etwa Unternehmer und Unternehmen oder Manager und Organisationen oder Mitarbeiter und Gewerkschaften.[19] Dies ist einer der Unterschiede der Governanceethik zu den herkömmlichen philosophischen Ethiken: Kollektive Akteure sind moralische Akteure. Moralische Überzeugungen und Tugenden nehmen in dieser theoretischen Umwelt die Form informaler und formaler, privater und öffentlicher Regeln und Ressourcen an. Dass man seinen Tauschpartner nicht betrügen und die Wahrheit sagen soll, kann sowohl durch geltendes Recht als auch durch unternehmensinternes Controlling, sowohl durch die kulturellen Gegebenheiten eines Landes als auch durch eine Unternehmenskultur durchgesetzt werden. Es ist erst dieses ganze Spektrum von Regeln und deren Durchsetzung, das die soziale und wirtschaftliche Kooperation zum wechselseitigen Vorteil der Mitglieder einer Gesellschaft ermöglicht. Moralische Werte werden daher nicht allein durch moralisches Handeln realisiert, sondern durch das Zusammenwirken von moralischen Überzeugungen, formalen und informalen Institutionen und organisationalen Vorkehrungen in integrierten Governancestrukturen. „Reine Morallösungen" sind so selten wie „reine Marktlösungen" und

---

[17] Vgl. zur Übersicht Arena/Longhi 1998.

[18] Vgl. Brennan/Pettit 2004; North 1990; Williamson 1993b.

[19] Vgl. zu dieser Differenzierung Wieland 2000 und 2001a.

bilden theoretisch gesehen Grenzfälle. Darin ist eine Entscheidungs- und Gestaltungsaufgabe impliziert, die uns noch an verschiedenen Stellen dieses Buches beschäftigen wird und auf die Kurzformel „Wahl der Governancestruktur für moralökonomische Transaktionen" gebracht werden kann. Alle Regeln, auch moralische, haben zwei zu unterscheidende Funktionen: Sie ermöglichen und sie beschränken soziales Handeln. Beide Funktionen sind aufeinander bezogen. Der Verzicht auf gewisse Handlungsoptionen ermöglicht gelegentlich überhaupt erst menschliche Kooperation. Dies ist die defensive Variante des Zusammenspiels, die Institutionenökonomen in der Regel interessiert. Aber in einem ganz direkten Sinne meint Ermöglichung auch, dass Moral eine eigenständige, aktive Ressource gesellschaftlicher und damit auch wirtschaftlicher Zusammenarbeit ist. Es ist das Zusammenspiel von Handlungsbeschränkung und Handlungsermöglichung durch informale und formale, private und öffentliche Regeln, das, wie wir sehen werden, die Bedeutung moralischer Parameter für die Wirtschaft begründet. Ich habe für diesen theoretischen Zugriff auf das Verhältnis von Ökonomie und Ethik den Begriff der Governanceethik vorgeschlagen und theoretisch ausgearbeitet.[20]

In diesem Kapitel[21] werde ich zum besseren Einstieg in das Thema dieses Buches eine kurze Zusammenfassung der grundlegenden Ideen und theoretischen Voraussetzungen der Governanceethik präsentieren. Im weiteren Verlauf der Erörterungen dieses Buches werde ich darauf immer wieder zurückkommen und versuchen, die damit verbundenen Fragen und theoretischen Erträge zu erläutern und zu klären. Mit dieser redundanten und zirkulären Vorgehensweise verbindet sich nicht zuletzt die Absicht, das bis heute vorliegende theoretische Profil der Ethik der Governance zu schärfen und zu elaborieren.

Die Grundidee der Ethik der Governance, so wie ich sie vor allem in meinen Büchern „Ökonomische Organisation, Allokation und Status" und „Die Ethik der Governance" entwickelt habe[22], besteht in der Über-

---

[20] Vgl. Wieland 1996, 2000, 2001a, 1999.

[21] Manche Abschnitte und Formulierungen dieses Kapitels basieren auf einem Aufsatz aus dem Jahre 2001b, der allerdings vollständig überarbeitet und vor allem in wichtigen Hinsichten revidiert wurde.

[22] Wieland 1996 und 1999. Vgl. zur bisherigen Diskussion dieses theoretischen Vorschlags Wieland 2001b und 2004a. Eine aufschlussreiche und weiterführende Erörterung findet sich ebenfalls in Priddat 2005.

legung, dass sich die gegenwärtigen Fragestellungen der Wirtschafts- und Unternehmensethik[23] mikroanalytisch darstellen lassen als die moralische Dimension distinkter wirtschaftlicher Transaktionen. Die Realisierung dieser moralischen Dimension, so die weitere Überlegung, ist eine Funktion der individuellen Selbststeuerungsmechanismen der involvierten Personen, der formalen und informalen Institutionen eines gegebenen institutionellen Umfeldes und der Beschaffenheit der Koordinations- und Kooperationsmechanismen der involvierten Organisationen. In einer etwas formaleren Schreibweise lässt sich daher der Gegenstandsbereich der Wirtschafts- und Unternehmensethik aus der Perspektive der Governanceethik in einer vereinfachten Schreibweise wie folgt funktional definieren:

$$Tm_i = f\,(aIS_i,\ bFI_{ij},\ cIF_{ij},\ dOKK_i)$$

(a...d = −1, 0, 1; i = spezifische Transaktion; j = spezifischer Ort)

Tm steht hier für die moralische Dimension einer distinkten wirtschaftlichen Transaktion. Darunter wollen wir die moralischen Dispositionen und Ansprüche an wirtschaftliche Transaktionen verstehen, die entweder aus einer Selbstverpflichtung der jeweiligen Akteure entspringen oder aber durch vorgängige gesellschaftlich akzeptierte Überzeugungen legitimiert sind. Ein Beispiel wäre etwa ein Vertrag mit einem Lieferanten, der Bestimmungen und Vorkehrungen gegen den Einsatz von Kinderarbeit zur Erfüllung dieses Vertrages enthält. In diesem Fall wäre die distinkte Transaktion der Lieferantenvertrag und dessen moralische Dimension eben der Anspruch, dass die Erfüllung des Vertrages ohne den Einsatz nicht akzeptabler Formen der Kinderarbeit zustande kommt.

IS steht für das Regime individueller Selbstbindung oder Selbstgovernance. Solche Selbstbindungsstrategien können auf Prinzipien der Tugend, rationale Vorteilskalküle oder andere Mechanismen zurückgehen. Dies mag von Transaktion zu Transaktion oder Person zu Person unterschiedlich sein und wird durch den Indikator $_i$ festgelegt. Sie sind für die Governanceethik unter dem Gesichtspunkt von Interesse, ob und in welcher Weise sie einen Beitrag zur Realisierung von Tm, etwa, um beim einmal gewählten Beispiel zu bleiben, das persönliche Engagement eines

---

[23] Vgl. für eine gute Übersicht dieser Fragestellungen und theoretischen Ansätze Noll 2002.

Managers zur Abschaffung von Kinderarbeit, leisten oder leisten könnten.

FI steht als Argument in dieser Funktion für die formalen Institutionen einer gegebenen Gesellschaft, in denen moralische Ansprüche an wirtschaftliche Transaktionen wettbewerbsneutral kodifiziert sind. Als Beispiel wäre hier etwa die entsprechende Gesetzgebung zum Verbot von Kinderarbeit anzuführen, die in ihren Bestandteilen je spezifisch für eine Transaktion (i) ausgewählt werden muss und die an einem spezifischen Ort (j), also in einem bestimmten Land, Staat oder in einer bestimmten Region gelten.

IF steht für die informellen Institutionen einer gegebenen Gesellschaft (j), die im Hinblick auf eine bestimmte Transaktion (i) wirksam werden könnten. Zu den informellen Institutionen gehören etwa religiöse oder moralische Überzeugungen einer gegebenen Kultur, sei es nun einer gesellschaftlichen oder organisationalen Kultur. Fragen der Kinderarbeit und deren moralische Bewertung sind tief verankert in den kulturellen Grundüberzeugungen verschiedener Gesellschaften. Wie wir wissen, sind diese Geltungsregeln unterschiedlich in den verschiedenen Regionen der Welt, sowohl was ihre Bestimmungen als auch ihre Durchsetzung angeht. Aber auch die professionellen philosophischen oder theologischen Begründungen der hier angesprochenen kulturellen Überzeugungen gehören in den Bereich IF, weil und insofern sie mitentscheiden über deren Legitimität.

OKK steht für die Koordinations- und Kooperationsmechanismen einer bestimmten Organisation, mit denen sie ihre Transaktionen führt, steuert und kontrolliert. Dies können sowohl private Organisationen, wie etwa Unternehmen, aber auch öffentliche Organisationen, wie etwa staatliche Bürokratien, sein. OKK sind die Leitlinien, Verfahren und Instrumente geschäftlicher oder bürokratischer Prozesse, also das, was man im angelsächsischen Sprachgebrauch ,policies and procedures' nennt. Mit ihnen werden moralische Anforderungen an Transaktionen, im von mir gewählten Beispiel der Verzicht auf nicht akzeptable Kinderarbeit in der Wertschöpfungskette eines Konsumguts, durch Lieferantenbewertungs- und -entwicklungssysteme operationalisiert und implementiert. Ohne die Existenz und Wirkung von OKK gibt es keine Wirtschafts- und Unternehmensethik jenseits von universitären Seminaren.

Die Koeffizienten a, b, c, d können jeweils den Wert –1, 0, 1 annehmen. Ihre Vorzeichen informieren uns darüber, ob und in welcher Weise

die Argumente IS, FI, IF und OKK der Funktion wirksam sind oder
nicht. Nimmt der Koeffizient den Wert 1 an, so wird damit gesagt, dass
diesem Argument der Funktion eine positive Wirksamkeit im Hinblick
auf die moralische Dimension der Transaktion zugesprochen wird. Der
Wert 0 besagt, dass die soeben erwähnte Wirkung nicht angenommen
wird. Nimmt der Koeffizient den Wert −1 an, so wird damit zum Ausdruck gebracht, dass dieses Argument eine negative Wirkung auf die angestrebte moralische Dimension der Transaktion haben wird. Ich werde
darauf in Abschnitt III eingehender zurückkommen.

Die Kernaussage der Ethik der Governance, so wie sie in dieser formalen Schreibweise festgehalten ist, lautet:

> Die moralische Dimension einer gegebenen und distinkten ökonomi-
> schen Transaktion (Tm) ist eine Funktion individueller Selbstbin-
> dungsstrategien (IS), der involvierten formalen (FI) und informalen
> (IF) Institutionen und der relevanten Koordinations- und Kooperra-
> tionsmechanismen einer Organisation (OKK). Jedes Argument dieser
> Funktion wird betrachtet im Hinblick auf seinen Einfluss auf eine dis-
> tinkte Transaktion ($_i$) in einem gegebenen lokalen oder globalen Kon-
> text ($_j$). Weiterhin gilt, dass jedes Argument dieser Funktion, also die
> individuellen Regimes der Selbstgovernance, die formalen und infor-
> malen Institutionen und die involvierten Organisationsstrukturen, die
> moralische Dimension einer Transaktion entweder positiv ($a − d = 1$)
> oder negativ ($a − d = −1$) beeinflussen kann. Nehmen a − d hingegen
> den Wert 0 an, ist damit gesagt, dass ein Einfluss zu vernachlässigen
> ist.[24]

Damit ist die Theoriearchitektur der Governanceethik vollständig beschrieben. Ich werde diese nunmehr erläutern, indem ich auf einige theoretische Voraussetzungen und Implikationen dieses Modells näher eingehen werde.

---

[24] Man sollte vielleicht beachten, dass es sich bei den Koeffizienten nicht um
Schätzwerte handelt, die zu Signifikanzaussagen führen können. Ob die Ethik der
Governance jemals das Niveau statistischer Schätzungen über die Wirksamkeit
ihrer Koeffizienten erreichen wird, muss gegenwärtig offen bleiben. Ich möchte
hier nur darauf hinweisen, dass prinzipiell eine solche Möglichkeit existiert.

II.

Die Grundeinheit der Analyse der Governanceethik ist die Transaktion, genauer formuliert die moralische Dimension einer gegebenen und abgrenzbaren wirtschaftlichen Transaktion. Mit dieser Festlegung sollen im Wesentlichen zwei Anliegen der Governanceethik, i) der Anwendungsbezug und ii) die institutionen- und organisationsökonomische Integration, sichergestellt werden.

ad i) Anwendungsbezug
Es scheint mir eine strategische Schwäche der zeitgenössischen wirtschafts- und unternehmensethischen Diskussion, dass sie ihren Gegenstandsbereich in der Regel nicht aus der Sache selbst entwickelt, sondern aus unterschiedlichen Präferenzen für theoretische Ansätze. Es ist offensichtlich, dass eine utilitaristische Ethik oder eine Bedingungs- und Anreizethik oder aber eine Diskursethik Marburger oder Frankfurter Prägung schon von der Problemdisposition her inkompatibel sind. Wirtschafts- und Unternehmensethik ist dann genau das, was eine bestimmte theoretische Schule dafür hält. Ihre Definition ist daher in allen Fällen kontingent. Dies hat nicht nur der gesellschaftlichen und wissenschaftlichen Etablierung und Institutionalisierung der Wirtschafts- und Unternehmensethik nicht genutzt, sondern auch die praktische Relevanz oft weit reichender und tief gestaffelter Theoriegebäude im Unklaren gelassen. Die Festlegung des Gegenstandsbereichs der Governanceethik auf den moralischen Aspekt der Durchführung distinkter wirtschaftlicher Transaktionen (also etwa Arbeitsverträge, globale Lieferantensysteme, Umgang mit Kunden etc. etc.) vermeidet diese wenig aussichtsreiche Positionierung von vornherein und markiert stattdessen eine starke mikroanalytische und mikropolitische[25] Orientierung. Philosophisch argumentiert ist damit die moralische Praxis einer gegebenen Gesellschaft der Ausgangs- und Endpunkt ethischer Reflexion. Diese stellt den strikten Anwendungsbezug der Governanceethik theorieimmanent sicher.

---

[25] Vgl. grundlegend Burns 1961 sowie für die weitere Diskussion zusammenfassend Küpper/Ortmann 1988.

ad ii) Institutionen – und organisationsökonomische Integration
Die Fokussierung auf Transaktionen als Grundeinheit der Analyse der
Governanceethik teilt diese mit der Transaktionskostenökonomik und
erlaubt daher ihre Integration in die Neue Institutionen- und Organisationsökonomik.[26] Damit ist einerseits eine institutionalistische und
vertragstheoretische Perspektive auf moralökonomische Problemstellungen erschlossen, die sich aus der Konstituierung von kollektiven
Akteuren und deren Umgang mit unvollständigen Verträgen, personaler, situationaler und informationaler Unsicherheit ergeben. Diese
wird andererseits ergänzt um eine firmentheoretische Organisationsperspektive, die es erlaubt, die Moralität und die Werte individueller
und kollektiver Akteure als relevante Ressourcen ökonomischer Prozesse zu verstehen.[27]

Diese Ausrichtung auf *Vertrag und Organisation* sorgt dafür, dass
eine exogene Entwicklung des Themas Wirtschaft und Ethik (vulgo:
Außensteuerung von Wirtschaft durch Ethik oder Ethik durch Wirtschaft) durch die Governanceethik abgelehnt wird. Wirtschafts- und
Unternehmensethik werden als Bestandteil des ökonomischen Problems entwickelt, nämlich die Knappheit von Ressourcen und Kompetenzen[28] durch *Kooperation* unter Wettbewerbsbedingungen zu überwinden. In diesem Kontext sind Tugenden, ethische Überzeugungen
und individuelle oder kollektive Werte *moralische Ressourcen* im
Hinblick auf die Anbahnung, Durchführung und Kontrolle von wirtschaftlichen Transaktionen, die relevante *ökonomische Effekte* haben.
Die Kategorien *Kooperation* und *Ressource* dienen daher der theoretischen Entfaltung der Vertrags- und Organisationsorientierung der
Governanceethik, die sowohl die Identität und Integrität der moralischen Dimension wirtschaftlicher Transaktionen als moralische
sicherstellen als auch ihre funktionale Logik in Anwendungskontexten
herausarbeiten, nämlich ökonomische Effekte (Folgen) generierendes
Element der Governancestruktur wirtschaftlicher Transaktionen zu
sein. Dabei sind die Annahmen der Unvollständigkeit der Verträge
und der Unsicherheit in personaler, situationaler und informationaler
Hinsicht grundlegend, da sie überhaupt erst ermöglichen, moralische

---

[26] Vgl. Wieland 1997 und Arena/Longhi 1998.
[27] Vgl. Wieland/Becker 2000 und die dort angegebene Literatur.
[28] Vgl. hierzu Penrose 1959/1995.

Fragen aufzuwerfen. Transaktionen, die über vollständige Verträge geregelt und unter der Bedingung von vollständiger Information und gesellschaftlicher Legitimität abgewickelt werden können, werfen keinerlei ungelöste moralökonomische Fragen auf.

III.

Die moralische Dimension wirtschaftlicher Transaktionen kann durch verschiedene Parameter oder Faktoren generiert und sichergestellt werden. Traditionell an erster Stelle zu nennen sind Selbstbindungsstrategien individueller Akteure (IS), also deren Tugenden und Werte. Im ökonomischen Sprachspiel der neoklassischen Standardtheorie mutieren diese Tugenden zu Argumenten in einer Nutzenfunktion, die als Restriktionen oder eben Präferenzen wirken. Ökonomische Akteure haben daher handlungsleitende moralische Präferenzen, die als Restriktionen in ihre ansonsten Nutzen maximierenden Entscheidungen eingehen oder selbst zum Ziel Nutzen maximierender Anstrengungen werden können.[29] Diese Übersetzungsleistung der Ökonomie scheint mir zutreffend und ganz im Sinne der philosophischen Tradition zu sein, die von einem polymogenen Dualismus von Ökonomie und Ethik ausgeht. Die ökonomischen Annahmen setzen dabei zwar primär auf rationale Selbstbindungsstrategien, aber auf sekundäre Erzwingungsmechanismen wie etwa Kleingruppen oder den Markt müssen sie keineswegs verzichten.

Die Governanceethik bestreitet weder die empirische Relevanz von individuellen Tugenden noch die von utilitaristischen Kalkülen als Elemente der Selbstgovernance für die Generierung und Stabilisierung moralischer Handlungen in der Wirtschaft, sondern hält sie in dieser Hinsicht für zentral. Aber aus ihrer Vertrags- und Organisationsperspektive zeigt sich *erstens*, dass eine reine Selfgovernance durch Tugenden oder individuelle Nutzenerwägungen ein Grenzfall ist, der technisch gesprochen voraussetzt, dass die Koeffizienten der Argumente FI, IF und OKK der Funktion der Governanceethik entweder den Wert 0 oder den Wert −1 annehmen müssen. Dass es solche Situationen gibt, in denen der Mensch allein auf seine moralische Tüchtigkeit verwiesen ist, soll nicht

---

[29] Vgl. zu einer ausführlichen Darstellung und kritischen Würdigung dieser Annahmen Priddat 2001.

bestritten werden, wohl aber wird bestritten, dass es sich hier um mehr als einen Grenzfall handelt. Es zeigt sich aus der Sicht der Ethik der Governance *zweitens*, dass Moral nicht nur die Form einer Restriktion oder Präferenz für wirtschaftliche Transaktionen annehmen kann, sondern auch und in erster Linie die Form einer Kooperationsmöglichkeiten schaffenden Ressource und Kompetenz.[30] Neben die Begrenzungsfunktion tritt daher die Ermöglichungsfunktion institutionalisierter moralischer Überzeugungen und Regeln[31], deren Zusammenspiel durch geeignete Governancestrukturen im Zentrum des Interesses der Governanceethik steht. Damit wird die Engführung der Moral durch die Lehrbuchökonomik, nämlich als ceteris paribus sich verstehende Restriktion oder Präferenz, überwunden. Moral wird zum endogenen Bestandteil ökonomischer Kooperation. Ich werde auf diesen Gesichtspunkt bei verschiedenen Gelegenheiten zurückkommen.

Individuelle moralische Ressourcen und Kompetenzen und deren Signalisierung und Kommunikation konstituieren den individuellen moralökonomischen Akteur. Durch einen Akt der handlungsbeschränkenden Selbstbindung wird es ihm überhaupt erst ermöglicht, als Kooperationspartner für andere Akteure, sei es zum Tausch oder zur gemeinsamen Produktion, in Betracht gezogen zu werden. Dieser doppelte Gesichtspunkt der Selfgovernance individueller Akteure – Handlungsermöglichung und Handlungsbeschränkung – legt die Schlussfolgerung nahe, dass dieser derart konstituierte individuelle moralische Akteur der Wirtschaft nur in dieser Form in ein theoretisch gehaltvolles Verhältnis zu den weiteren Argumenten der Funktion der Governanceetik, nämlich für FI, IF und OKK gesetzt werden kann. Die Ethik der Governance fokussiert daher systematisch weder die Tugend noch die Nutzenerwartungen individueller Akteure, sondern das anreizsensitive Zusammenspiel aller Argumente einer Governancestruktur als das Zusammenspiel von moralökonomischen Akteuren, formalen und informalen Institutionen und organisationalen Arrangements, zur Erreichung ökonomischer und moralischer Ziele. Kürzer formuliert: Sie reformuliert Tugenden und Nutzenerwägungen als ein System der Selfgovernance individueller Akteure, die als solche sowohl ein distinktes als auch ein relationales Element der

---

[30] Vgl. hierzu Wieland 1999, Wieland/Becker 2004 und Priddat 2001.

[31] Vgl. Hubig 2001, S. 12 ff.

Governanceethik sind. Daraus folgt ein Entscheidungsproblem, auf das ich später noch ausführlich eingehen werde.

Die Bedeutung formaler Institutionen (FI), etwa als ordnungspolitischer Rahmen der Wirtschafts- und Unternehmensethik, ist heute unbestritten.[32] Es sind die Wettbewerbsneutralität und die Durchsetzbarkeit (Erwartungssicherheit) allgemeiner Regeln, sei es nun auf der staatlichen oder der unternehmerischen Ebene, die formale Institutionen als „rules of the game" auszeichnen. Seit dem 19. Jahrhundert sind sie, vor allen Dingen in Deutschland, ein dominanter Zurechnungsfaktor für moralische Ansprüche der Gesellschaft an die Wirtschaft geworden. Mit der Globalisierung politischer und ökonomischer Prozesse hat sich diese Funktion indes verändert und vor allen Dingen verdünnt. Die Knappheit von Zeit in der Wirtschaft, die gelegentlich anzutreffende mangelnde wirtschaftliche Expertise in der Politik sowie die partiell direkte Widersprüchlichkeit der global involvierten regionalen Rahmenordnungen sind dabei die Haupttriebkräfte. Aus der Sicht der Governanceethik entwickeln sich daraus ein gesellschaftlicher Bedarf an funktionalen Äquivalenten für formale Institutionen und ein sich daran anschließendes Selektionsproblem für den jeweils spezifischen Mix einer Governancestruktur. Es gibt daher keinen systematischen Ort für die Wirtschaftsethik des 21. Jahrhunderts, weder in Individuen noch im Staat, sondern ihr Charakteristikum besteht gerade darin, angemessene und simultan wirkende Governancestrukturen für die moralische Praxis der gesellschaftlichen und wirtschaftlichen Akteure zu bestimmen. Wie bereits angekündigt, weiter unten dazu mehr.

Auf die Bedeutung informaler Institutionen als Medium moralischer Überzeugungen und Werte einer Gesellschaft oder einer Organisation hat aus ökonomischer Sicht vor allem die Institutionenökonomik hingewiesen.[33] Im Prozess der Globalisierung von Wissensökonomien gewinnen die informalen Institutionen (IF) der Gesellschaft tendenziell an wirtschaftlicher Bedeutung, etwa in der Form der Integration und Nutzung interkultureller Differenzen durch global operierende Unternehmen.[34] Es ist nicht schwer zu verstehen, dass mit dieser aus Diversifität resultierenden Veränderung der Ansprüche an die Begründung für moralische Werte eine Herausforderung für philosophische und theologische Dis-

[32] Vgl. Homann 1999a, b.

[33] Vgl. North 1990, v.a. Abschnitt 5 in Teil 1, und Williamson 1993b.

[34] Vgl. die Beiträge in dem von Wieland herausgegebenen Band 2001a und 2002b.

kurse einhergeht. Legitimität ist jetzt nicht mehr allein für eine lokale, sondern im Grenzfall für eine globale moralische Kultur zu generieren. Für die Governanceethik gehören informale Institutionen, einschließlich der soeben erwähnten gesellschaftlichen und professionellen moralischen Diskurse, in die Atmosphäre wirtschaftlicher Transaktionen[35], die deren Effizienz und Effektivität über Legitimierung wesentlich mitbestimmen.

Die bisherige Argumentation in diesem Kapitel hat gezeigt, dass die Governanceethik sich mit den Aspekten der individuellen Selfgovernance der formalen und informalen Institutionen auf eine weit entwickelte ökonomische und ethische Diskussion beziehen kann. Darauf aufbauend entwickelt sie eigenständig einerseits den Bezug der Argumente IS, FI und IF auf die moralische Dimension einer gegebenen und abgrenzbaren Transaktion als Grundeinheit der Analyse. Andererseits erweitert sie diese drei Argumente um das Argument der Koordinations- und Kooperationsmechanismen von Organisationen (OKK) als grundlegende und entscheidende Strukturen zur Realisierung moralischer Anliegen einer Gesellschaft. Nimmt man die theoretische Integration in die institutionalistische Neue Organisationsökonomik hinzu sowie den theorieimmanenten Anwendungsbezug, der durch die Fokussierung auf Transaktionen sichergestellt wird, sind damit die entscheidenden Charakteristika der Governanceethik, die ihr innovatives Erklärungspotenzial steuern, benannt. In diesem Zusammenhang scheint es angebracht, noch kurz das Argument OKK zu erläutern, das eine theoretische Innovation der Governanceethik ist, der zentrale Bedeutung für den Erklärungswert des Modells zukommt.

Die Governanceethik geht davon aus, dass Organisationen, etwa Unternehmen oder auch politische Parteien, kollektive Akteure sind, die sich als solche konstituieren können und müssen.[36] Unternehmen, um im Bereich der Wirtschafts- und Unternehmensethik zu bleiben, sind aus dieser Sicht globale Governancestrukturen zur Abwicklung wirtschaftlicher Transaktionen, die sich dabei lokaler Governancestrukturen – wie Leitlinien, Anweisungen und organisationale Vorkehrungen – bedienen. Governancestrukturen werden dabei verstanden als formale und informale Ordnungen zur Führung, Steuerung und Kontrolle von Transaktio-

---

[35] Vgl. hierzu und zu den Möglichkeiten des Managements dieser „soft factors" Wieland 1996, v.a. Teil 3 „Die Ökonomik der Transaktionsatmosphäre".
[36] Vgl. Wieland 2000 und 2001d.

nen. Während sich globale Governancestrukturen auf die konstitutiven Parameter einer Organisation beziehen und damit *firmenspezifische* Ressourcen sind (etwa ein Code of Ethics), sind lokale Governancestrukturen *transaktionsspezifische* Ressourcen (also etwa intra- und interorganisationale Verhaltensstandards). Weiterhin zählen wir alle ‚policies and procedures' einer Unternehmung zu ihren lokalen Governancestrukturen, insoweit sie auf die Identifizierung und Verarbeitung spezifisch moralischer Problemstellungen abstellen. Um nur ein Beispiel zu nennen, sei hier eine „gift giving and receiving"-Policy eines Unternehmens angeführt, mit der sichergestellt werden soll, dass die individuellen Akteure einer Unternehmung nicht in Korruptionszusammenhänge hineingezogen werden. Hierher gehören auch Wertemanagementsysteme und Werteauditsysteme[37], die die Konsistenz und Durchführbarkeit der einzelnen lokalen Governancestrukturen durch Abstimmung und Integration sicherstellen. Mit anderen Worten: Die Koordinations- und Kooperationsmechanismen von Organisationen als Kooperationsprojekte werden als globale und lokale Governancestrukturen verstanden, die sich neben den ökonomischen auch auf die Identifizierung und Verarbeitung der moralischen Dimensionen unternehmerischen Handelns als Kooperationshandeln beziehen. Dabei wird es sich in der Regel sowohl um informale (z.B. die Moralkultur einer Gesellschaft oder einer Unternehmung) als auch um formale (z.B. Ethikmanagement- und Ethikauditsysteme) handeln, die sich führend, steuernd und kontrollierend auf die moralischen Dimensionen wirtschaftlicher Transaktionen auswirken. Es ist diese Kombination von legitimierenden informalen Institutionen und organisierenden lokalen Governancestrukturen, die die moralische Dimension einer wirtschaftlichen Transaktion konstituiert. Moralökonomische Phänomene in der Ökonomie finden hier ihre Begründung.

Den bisher erreichten Stand der Diskussion des Modells der Governanceethik können wir dahingehend zusammenfassen, dass – auf einen kurzen Nenner gebracht – der Gegenstandsbereich der Governanceethik die Analyse und Gestaltung der Funktionen und Wirkungen von Moralregimes innerhalb der Führung, Steuerung und Kontrolle von wirtschaftlichen Transaktionen ist.[38] Tugenden, Werte, Moral und Ethik werden in diesem Kontext als individuale oder organisationale Regeln, Ressourcen

---

[37] Vgl. hierzu umfassend Wieland 2004b.
[38] Vgl. dazu ausführlicher Wieland 1999, S. 67 ff.

und Kompetenzen verstanden, die als Elemente der formalen und informalen Regimes zur Führung, Steuerung und Kontrolle von Transaktionen
der Organisation und ihren Mitgliedern zur Verfügung stehen. Mit der
These, dass die moralische Qualität einer wirtschaftlichen Transaktion
(Tm) bestimmt wird durch das Vorhandensein und die Wirksamkeit von
Tugenden (IS) und deren Stützung durch Institutionen und Organisation
(IF, FI, OKK), ist der Anspruch auf Vollständigkeit und Notwendigkeit
verbunden. Vollständigkeit besagt, dass es neben den erwähnten vier
keine weiteren Governancestrukturen zu Realisierung einer moralischen
Praxis in der Wirtschaft gibt. Notwendigkeit besagt, dass alle vier Governancestrukturen mit Notwendigkeit gleichanwesend sind, sich nur
hinsichtlich ihres Wirkungsgrades $(-1, 0, 1)$ unterscheiden und daher
zwar füreinander funktionale Äquivalente, aber keine vollständige Sub-
stitutionsmöglichkeit bilden. Mit anderen Worten: Selbst dann, wenn die
moralische Qualität einer wirtschaftlichen Handlung im Wesentlichen
über das Recht gesteuert wird, heißt das nur, dass der Tugend individueller Akteure im Hinblick auf diese spezifische Transaktion keine signifikante Wirksamkeit zugetraut wird. Nicht aber heißt es, dass die individuelle Tugend in dieser Transaktion überhaupt nicht existiert oder
schlicht irrelevant sei. Genau darin besteht die Simultanität der Governance: Moralische Ziele in der Wirtschaft werden nicht durch „moralisches Handeln auf der Grundlage einer moralischen Motivation" realisiert, sondern durch die Wahl und Gestaltung einer polykontextualen
Governancestruktur, mit der dies möglich ist. Die moralische Performance einer Handlung oder Transaktion hängt dann nicht mehr in erster
Linie von einem philosophischen Begründungsakt ab, sondern von der
Angemessenheit und Robustheit, kurz: der Leistungsfähigkeit ihrer Governance. In dieser sind moralische, ökonomische, rechtliche, technische
und andere Aspekte kohärent integriert und bilden funktionale Äquivalente füreinander.

IV.

Während die bisherigen institutionalistischen Ansätze der Wirtschafts-
und Unternehmensethik sich im Wesentlichen auf die formalen und gelegentlich auch auf die informalen Institutionen einer gegebenen Gesellschaft oder Wirtschaft zur Erklärung ethischen Handelns in der Wirt-

schaft beschränkt haben, erlaubt die theoretische Ausarbeitung der Governanceethik die Integration aller relevanten Moralparameter der Wirtschaft und ihrer Unternehmen in ein komparativ arbeitendes Entscheidungsmodell. In diesem Modell lässt sich das Problem der Wahl effizienter und effektiver Regimes der Governance wirtschaftlicher Transaktionen einschließlich ihrer moralischen Dimension in einer diskriminierenden Weise thematisieren. Ich werde im Folgenden versuchen, diesen Gesichtspunkt weiter zu plausibilisieren. Dabei werden die Koeffizienten a-d und die ihnen eigene Wirksamkeit −1, 0, 1 von entscheidender Bedeutung sein.

Abb. 2: Koeffizientenmatrix

	IS_i a =	FI_{ij} b =	IF_{ij} c =	OKK_i d =
Tugendethik	1	−1, 0	−1, 0	−1, 0
Ordnungsethik	−1, 0	1	−1, 0	−1,0
Globale Ethik	−1, 0	−1, 0	1	−1, 0
Unternehmens-ethik	−1, 0	−1, 0	−1, 0	1

In den vier Zeilen der oben stehenden Koeffizientenmatrix haben wir verschiedene Bereiche der Wirtschafts- und Unternehmensethik in ihrer jeweils reinen Form entwickelt. Im Fall der Tugendethik wird also theoretisch angenommen, dass nur das Regime der individuellen Selbststeuerung wirkt (1), während formalen, informalen und organisationalen Strukturen entweder keine Wirkungsbedeutung (0) oder eine direkt entgegengesetzte Wirkung (−1) zugesprochen wird. Ordnungsethisch zeigt sich, dass die These, der systematische Ort der Wirtschaftsethik sei die Rahmenordnung[39], bestätigt wird in dem Sinne von FI = 1. Zugleich aber wird das soeben erwähnte Problem der unzureichenden Komplexität die-

---

[39] Vgl. Homann/Blome-Drees.

ser Annahme deutlich, weil sie IS, IF und OKK in ihrer Wirkung als theoretisch kontingent versteht. In der globalen Ethik werden die diversen Moralkulturen als dominant angenommen (IF = 1), während staatliche Rahmenordnungen oder private Arrangements entweder hier nicht oder negativ wirken. Damit werden Situationen beschreibbar, in denen nationale Rahmenordnungen entweder nicht kompatibel sind oder gar entgegengesetzt wirken. Im Bereich der Unternehmensethik sind es die Koordinations- und Kooperationsregimes, denen eine positive Wirkung im Hinblick auf die Erreichung der moralischen Dimension wirtschaftlicher Transaktionen zugesprochen wird.

Verlässt man diese analytisch reinen Formen, erlaubt die Koeffizientenmatrix nicht nur realistische Fallbildungen, sondern eben auch die Diagnose von Steuerungsdefizienz. Die oben angenommenen Notierungen zur Tugendethik dienen dann etwa zur Charakterisierung einer Entscheidungssituation im Management, die in dieser reinen Form nur gelegentlich und als äußerste Ausnahme eine Chance auf Verwirklichung hat. Die Mindestanforderungen an eine realistisch durchhaltbare Managementethik im Sinne einer Führungsethik lautet daher:

Abb. 3: Führungsethik im Management

	IS_i a =	FI_{ij} b =	IF_{ij} c =	OKK_i d =
Führungsethik im Management	1	−1, 0	−1, 0	1

Wir sehen, dass die Governancestrukturen eines Unternehmens hier unabdingbare Voraussetzungen für eine gelingende individuelle Moralpraxis in einem Unternehmen sind, oder anders formuliert: An den als moralisch negativ zu bewertenden Anreizen eines gegebenen Arrangements für OKK_i scheitern rein personale Führungsethiken. In Dilemmatasituationen mag dann auch noch FI_{ij} den Wert 1 zur Ermöglichung einer individuellen Moralpraxis annehmen, aber dann sind wir bereits weit über den Bereich von Mindestbedingungen hinaus. An dieser Stelle zeigt sich im Übrigen sehr deutlich die Bedeutung des Arguments OKK_i, das in gewisser Weise das Kernstück der Governanceethik ausmacht. Auf der Ebene der herkömmlichen individualistischen Ordnungsethik, also dem Zusammenspiel von IS_i, FI_{ij} und IF_{ij}, existiert die Problematik einer organisationsgestützten Führungs- und Managementethik schlicht nicht, sie ist in dieser Schreibweise nicht einmal darstellbar. Weiterhin lässt sich diagnostizieren, dass unter diesen Bedingungen über kurz oder lang der Wert für IS_i nicht bei 1 bliebe, sondern sich zum Wirkungszustand 0 oder -1 entwickeln würde. Umgangssprachlich wären wir dann in einer Führungs- und Managementwelt der individuellen Resignation und des Zynismus aus Überforderung, die man in der Tat nicht so selten dort antrifft. Moralische und rechtliche Ansprüche der Gesellschaft, die individuell nicht oder nur zu prohibitiven Kosten realisiert werden können, führen nicht nur zu einer Erosion der Beziehung von Wirtschaft und Ethik (Recht), sondern haben auch einen destruktiven Einfluss auf die Kooperationsfähigkeit jedes einzelnen Mitglieds einer Organisation und der Gesellschaft.

Wir belassen es bei diesem Beispiel und halten fest, dass die Einführung von Wirkungskoeffizienten in das Modell der Governanceethik sowohl Voraussetzung als auch Konsequenz des strikten Anwendungsbezuges und der mikroanalytischen und mikropolitischen Ausrichtung der Governanceethik ist. Sie verbindet daher eine hohe theoretische Generalisierbarkeit (Integration in die Neue Institutionen- und Organisationsökonomik) mit einer strikten empirischen Ausrichtung.

Wir sind jetzt in einer Position, einige Schlussfolgerungen zu ziehen, die von allgemeiner Bedeutung für die Wirtschafts- und Unternehmensethik zu sein scheinen.

Die herkömmliche Unterscheidung von Wirtschafts- und Unternehmensethik reformuliert die Ethik der Governance als ein Wahlproblem angemessener Steuerungsregimes für distinkte Transaktionen. Während die Bezeichnung „Wirtschafts- und Unternehmensethik" die Existenz strikt unterscheidbarer Gegenstandsbereiche suggeriert (etwa Volkswirtschaft/Unternehmen), aber weder theoretisch noch praktisch diese Unterscheidung durchhalten kann, hält die Governanceethik den „Gegenstandsbereich" über den Begriff der Transaktion konstant. Sie ermöglicht damit, die theoretische und praktische Aufmerksamkeit auf die effektive und effiziente Gestaltung der Governancestrukturen in Hinblick auf die moralische Dimension einer wirtschaftlichen Transaktion zu lenken. Vor allen Dingen behandelt sie alle Argumente der Funktion, also die individuellen und strukturellen Steuerungsregimes, als funktional äquivalente Parameter, das heißt sie sind vergleichbar im Hinblick auf ihr Lösungspotenzial für die jeweils anstehende Transaktion. Es sind daher die theoretische Generalisierbarkeit und der umfassende praktische Gestaltungsanspruch der Governanceethik, die dazu führen, dass einerseits tatsächlich Wirtschafts- und Unternehmensethik aus einem Theorieentwurf heraus behandelt werden können und gleichzeitig der Anwendungsbezug nicht durch die dadurch notwendige Steigerung des Abstraktionsniveaus verloren geht, sondern gerade umgekehrt erst durch dieses Abstraktionsniveau eröffnet wird.

Analytisch geht es der Governanceethik um die Differenzierung der Steuerungsmodi moralischen oder unmoralischen Handelns individueller oder kollektiver Akteure. Sie tut dies unter anderem auch deshalb, weil sie davon überzeugt ist, dass sich nur auf diese Weise die strukturellen Ursachen für ein solches Handeln und Verhalten ermitteln lassen, die dann auch einer Erfolg versprechenden Gestaltung oder Therapie zugänglich sind. *Methodisch* ist daher die Governanceethik komparativ ausgelegt, das heißt sie vergleicht mindestens zwei Steuerungsregimes in diskriminierender Weise hinsichtlich ihrer Eigenschaften, moralisches Handeln zu fördern und unmoralische Handeln zu vermeiden oder umgekehrt. Ihr Kriterium ist dabei die ökonomische und moralische Anreizsensitivität einer Governancestruktur, die über die Effektivität und Effizienz der angestrebten Transaktion entscheidet. *Normativ* zielt die Governanceethik in einem ersten Zugriff auf Gestaltungsempfehlungen für Führungs-, Steuerungs- und Kontrollregimes, die den Wirkungsgrad der soeben erwähnten Anreizsensitivität, der Effektivität und der Effizienz moralökonomischer Transaktionen steigern. Zugleich aber speist sie die legitimierende Normativität ethischer Begründungsdiskurse über den Parameter IF in die wirtschaftliche Praxis der Gesellschaft ein.

Governanceethik ist prozessororientiert, das heißt aus ihrer Sicht sollte Wirtschafts- und Unternehmensethik nicht einzelne Handlungen und deren Bewertung fokussieren, sondern die Betrachtung und Entwicklung von Prozessen (Abwicklung von Transaktionen durch Governancestrukturen), die moralisch bessere Ergebnisse (also nicht: gute Ergebnisse) liefern als dazu alternative Prozesse. Die Kriterien für das Prädikat „moralisch besser" sind dabei die Festlegungen der organisationsspezifischen globalen und lokalen Governancestrukturen, also die Regeln und Werte einer Organisation und die „moralischen Hintergrundannahmen"[40] einer gegebenen Gesellschaft.

Die Annahme einer Moralfähigkeit kollektiver Akteure ist grundlegend für die Governanceethik, weil nur auf diese Weise das Argument OKK_i theoretisch integrierbar ist. Die gelegentlich geäußerte Annahme, dass kollektive moralische Akteure auf individuelle moralische Akteure zurückführbar seien, bedeutet im Kontext der Governanceethik nichts weiter, als dass man das Argument OKK_i in das Argument $IS = 1$ auflösen könnte.[41]

V.

Die Governanceethik lehnt eine hierarchische und damit auch duale Ordnung des Verhältnisses von Ökonomie und Ethik ab.[42] Hierarchisch meint: Entweder dominieren moralische Ziele die ökonomischen Ziele einer Handlung, oder umgekehrt: Ökonomische und moralische Kommunikation wird dann als analog oder digital, als parallel oder seriell geführt verstanden, deren Integration über Hierarchie vollzogen werden muss. Dual meint: Moral und Wirtschaft gehören unterschiedlichen Sphären an, und ein Akteur muss sich entscheiden, an welcher der beiden er sein Handeln orientieren will. Ökonomische und moralische Kommunikation wird dann als analog oder digital gesteuert verstanden, deren Wertigkeit und Reihenfolge sich aus einer autonomen und mit Vorzugswürdigkeit ausgestatteten Perspektive ergeben. Die Governanceethik argumentiert weiterhin für die Auffassung, dass nur eine konsequente Instrumentierung (also die Wirksamkeit von $OKK_i = 1$) moralökonomische Ambitionen erfolgreich initiieren und auf Dauer erstellen kann. Ist aber „Instrumentierung" nicht gleichbedeutend mit „Instrumentalisierung" der Ethik für die Zwecke der Wirtschaft? Ich habe an anderer Stelle auf die logische Unhaltbarkeit und praktische Unangemessenheit dieser Position hingewiesen[43] und möchte die dort vorgetragenen Argumente hier nicht wiederholen. Wichtiger scheint es, Klarheit über das Verhältnis von öko-

---

[40] Vgl. Rawls 1999, S. 266 ff.

[41] Vgl. dazu ausführlich die Diskussion im letzten Kapitel dieses Buches.

[42] Vgl. Wieland 1999, Kap. 3.1 ff. sowie Kap. 5 dieses Buches.

[43] Vgl. Wieland 1999, Kap. 3.2.

nomischen und ethischen Ansprüchen an das Verhalten von Individuen und Organisationen, also über das Wesen und die Funktionsweise moral-ökonomischer Diskurse, aus der Sicht der Governanceethik zu schaffen. Da wir bereits die in der zeitgenössischen Literatur allgemein akzeptier-ten hierarchischen und dualistischen Ordnungen als nicht weiterführend abgelehnt haben, stellt sich die Frage nach einem alternativen Zuord-nungsmodus. Das folgende Schaubild entfaltet die Auffassungen der Go-vernanceethik zu diesem Punkt.

Abb. 4: Simultane Codierung und Kooperation

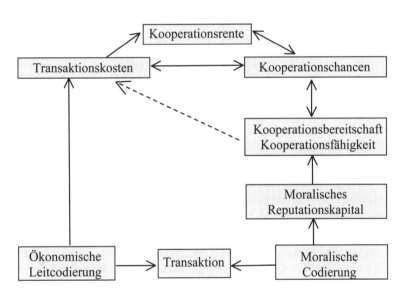

Der Ausgangspunkt der Analyse ist im Einklang mit dem bereits Ent-wickelten eine distinkte ökonomische Transaktion. Ihr gegenüberliegen-der Referenzpunkt ist der kollektive Akteur „Organisation" (Unterneh-mmung), der als ein Kooperationsprojekt von individuellen Akteuren zur Erzielung einer Rente verstanden wird.[44] Transaktionen im Funktionssys-tem der Wirtschaft haben immer eine ökonomische Codierung, also etwa

---

[44] Vgl. Wieland 2001d.

ob und in welchem Umfang sie zu Gewinn/Verlust oder steigenden/
sinkenden Transaktionskosten führen. Da wir aber hier definitionsgemäß
nicht Transaktionen schlechthin verhandeln, sondern solche, die über
eine moralische Dimension verfügen (also im Bereich der Wirtschafts-
und Unternehmensethik sind), ist es notwendig anzunehmen, dass diese
Transaktionen auch über eine moralische Codierung verfügen, also etwa,
ob sie gemäß den moralischen Überzeugungen einer Gesellschaft als ge-
recht/ungerecht oder gut/schlecht bewertet werden müssen. Das Modell
hält dies fest, indem es die beiden Formen der Codierung auf die Transaktion modelliert, wobei angenommen wird, dass der Aspekt des Ökonomischen im System der Wirtschaft und damit auch in deren Organisationen die Leitcodierung darstellt. Leitcodierung bedeutet nicht, dass
das ökonomische Sprachspiel die einzige Entscheidungslogik für Unternehmen oder individuelle wirtschaftliche Akteure ist. Unternehmen sind
polylinguale Organisationen, und daran müsste jeder Versuch, sie auf
triviale ökonomische Entscheidungsmaschinen zu reduzieren, scheitern.
Leitcodierung besagt vielmehr, dass alle in einer Unternehmung existierenden und relevanten Entscheidungslogiken sich an ihren ökonomischen
Folgen bewerten lassen müssen. Ob man dann für oder gegen Ökonomie
oder für oder gegen Moral entscheidet, ist eine ganz andere Frage. Während die ökonomische Leitcodierung direkt auf die Transaktionskosten
wirkt (steigende/sinkende Transaktionskosten), zielt die moralische Codierung auf den Aufbau eines Reputationskapitals durch gesellschaftliche
Legitimation, das, vermittelt über die Fähigkeit, Bereitschaft und Chan-
cen der Kooperation, auf die Kooperationsrente wirkt. Dies aber nur in-
direkt und in keine ex ante ausgezeichnete Richtung (steigend oder
fallend) auf die Transaktionskosten. Ein Beispiel: Ein Unternehmen führt
den Standard SA 8000 als Managementsystem ein[45], der als lokale
Governancestruktur auf die Kontrolle und den Abbau von, sagen wir,
Kinderarbeit bei Lieferanten aus Ländern der Dritten Welt zielt. Die
Transaktion ist hier also eine Lieferantenbeziehung, für die eine Governancestruktur eingeführt wird, die auf die moralische Dimension dieser
Transaktion (Abschaffung oder Reduzierung der Kinderarbeit) abstellt.
Die ökonomische Leitcodierung wird in diesem Fall höhere Trans-
aktionskosten signalisieren, da erhebliche monetäre und personelle Res-
sourcen aufgewendet werden müssen, um ein solches Lieferantensystem

---

[45] Vgl. hierzu Freiberg/Lohrie 2004.

zu implementieren.[46] Die moralische Codierung wird ebenfalls auf eine
Steigerung, allerdings des moralischen Reputationskapitals hinauslaufen
und damit auch auf eine positive Entwicklung der Kooperationschancen
dieses Unternehmens (Lieferanten, Konsumenten, Mitarbeiter). Während
also die steigenden Transaktionskosten sich negativ auf die Kooperationsrente auswirken werden, da Unternehmen mit überdurchschnittlich
hohen Transaktionskosten ökonomisch gesehen relativ unattraktive Partner sind, wird das moralische Reputationskapitel mit einiger Zeitver-
zögerung in die entgegengesetzte Richtung wirken. Aus der Sicht der
Governanceethik wird es also dann, und nur dann, zur Implementierung
von Lieferantensystemen – wie es das SA 8000 ist – kommen, wenn erwartet werden kann, dass die zuletzt genannten positiven Effekte die
negativen Effekte (steigende Kosten) überwiegen werden. Das aber ist im
Wesentlichen eine Frage der gesellschaftlichen und ökonomischen Kom-
munikationsfähigkeit solcher Managementsysteme, die in weiten Sphären
der legitimierenden gesellschaftlichen Anerkennung bedürfen, um ökonomische Vorteile zu erbringen.

Wenn wir dieses Beispiel etwas theoretischer durchdenken, dann finden sich folgende Zusammenhänge:

Erstens, die ökonomische und moralische Codierung einer Transaktion sind als strikt autonome Ereignisse zu behandeln.

Zweitens entwickeln diese im Verlauf der Entfaltung ihrer Wirkung
ihre je eigene Logik und sind damit zu unterscheidende Stellgrößen wirtschaftlicher Entscheidungen.

Drittens kommt es im Verlauf der Transaktion zu wechselseitigen Ir-
ritationen der unterschiedlichen Codierungen, die zu Lernprozessen in
der vollziehenden Organisation und den beteiligten Akteuren führen, die
im gelingenden Fall zur Kooperation und strukturellen Kopplung aus
ökonomischer und moralischer Codierung führen, die sich als moralökonomische Kommunikation und lokale Governancestruktur materialisiert.

Viertens folgt dies theoretisch stringent aus der Annahme, dass Unternehmen Kooperationsprojekte sind, die sowohl für die ökonomische als
auch für die moralische Kommunikation von Ereignissen einen je eigenen und dennoch zugleich gemeinsamen Referenzpunkt darstellen, der
die Grundlage moralökonomischer Kommunikation abgibt.

---

[46] Vgl. hierzu Lohrie/Merck 2000 sowie Freiberg/Lohrie 2004. Ein konzeptioneller
Vorschlag eines Lieferantenbewertungssystems findet sich in Fürst/Wieland 2004b.

Fünftens, im Begriff der Kooperationsrente, also der relativen Verbesserung der je individuellen Ressourcenerträge der Kooperationsmitglieder gegenüber einer Situation der Einzelnutzung dieser Ressourcen, treffen sich die beiden Entscheidungslogiken. Denn sowohl die Transaktionskosten als auch das moralische Reputationskapital haben einen Einfluss auf die Kooperationschance einer Organisation und damit auf die Höhe der erreichbaren Kooperationsrente, die nicht mit „Gewinn" oder „Profit" verwechselt werden darf.

Sechstens, die ökonomische und moralische Effektivität der Transaktion hängt davon ab, ob sich die moralische und ökonomische Bewertung dieser Transaktion simultan aufeinander beziehen, also gleichzeitig und einheitlich ihre differenten Codierungen in diesen Prozess einbringen.

Wenn wir dies auf die Bestimmung des Verhältnisses von Ökonomie und Ethik in der Wirtschaft anwenden, dann zeigt sich, dass beide füreinander sowohl eine Ermöglichungs- als auch eine Restriktionsfunktion darstellen, die rekursiv miteinander vernetzt sind. Gegeben die „moralischen Hintergrundannahmen" einer Gesellschaft und die Spielregeln aus formalen, informalen und organisationalen Governancestrukturen, ermöglicht die moralische Codierung überhaupt erst die Anbahnung, Durchführung und Kontrolle einer Transaktion Tm (am Beispiel: Erschließung des globalen Importmarktes) und ist ein Moment ihrer Restriktion, das heißt des Ausschlusses von anderen Möglichkeiten (am Beispiel: Erschließung des Importmarktes unter Verletzung legitimer moralischer Ansprüche). Das Gleiche gilt für die ökonomische Codierung, die die Voraussetzung für die Realisierung moralischer Anliegen ist und zugleich deren Restriktionsbedingung. Dieser rekursive Vernetzungszusammenhang von Ökonomie und Ethik ist im Hinblick auf die angestrebte Transaktion von keiner der beiden Logiken ex ante zu determinieren, sondern das Ergebnis eines „Überlegungsgleichgewichts".[47] Rekursivität ist ein wichtiger Aspekt simultaner Governance. Ich werde diesen Aspekt weiter unten ausführlicher diskutieren und daraus unter anderem den Schluss ziehen, dass die Governanceethik als Ethik eine Strömung des Kohärentismus ist.

Das hier gewählte Beispiel zeigt aus einer interessanten Perspektive, dass die Rede von der Instrumentalisierung der Ethik durch wirtschaftliche Interessen abwegig ist.

---

[47] Vgl. hierzu Rawls 1979, v.a. S. 68-70.

Zunächst sind die angestrebten ökonomischen Erträge in dem hier gewählten Szenario vollständig unsicher, und da hilft auch kein Hinweis auf die so genannte „Langfristigkeit" ethischer Erträge. Vielmehr sind vorab ökonomische Investitionen in Managementsysteme notwendig, deren Erträge unklar sind. Sodann muss man realisieren, dass die ökonomischen Erträge nur zu haben sein werden, wenn das moralische Engagement im Verlauf dieser Transaktion als legitim und glaubwürdig an eine ganze Reihe von Stakeholdern kommuniziert werden kann, etwa gegenüber Kunden und Nichtregierungsorganisationen. Es muss weiterhin beachtet werden, dass die durchgehaltenen Eigenlogiken von Ökonomie und Moral in einem solchen Prozess permanent zu Friktionen und Zielkonflikten führen werden, die ökonomisch und moralisch nur stabilisiert werden können, wenn die Indeterminiertheit dieses Prozesses akzeptiert und als Gestaltungsaufgabe des Managements angenommen wird. Gestaltung aber verlangt schließlich die Instrumentierung dieses Prozesses, etwa durch Wertemanagement- oder Werteauditsysteme, die nicht auf die Verwirklichung des Guten in Einzelhandlungen abstellen, sondern auf das Erreichen besserer Ergebnisse im Hinblick auf Tm, hier also Kinderarbeit bei Lieferanten.

An dieser Stelle zeigt sich nach meiner Überzeugung eine fundamentale Schwäche der strikt „antiinstrumentellen" Diskursethik[48], nämlich ihr institutionelles und organisatorisches Defizit. Dieses Defizit zu überspringen mit dem Hinweis auf ein Instrumentalisierungsverbot der Ethik, mag zwar im Nirwana konsequenzenlos bleiben, in einer anwendungsorientierten Ethik wie der Wirtschafts- und Unternehmensethik jedoch nicht. Die Instrumentierung moralischer Ansprüche an wirtschaftliche Transaktionen ist hier Bedingung der Möglichkeit. Wird diese als Anwendungsvoraussetzung nicht geschaffen, bleibt es bei der Bemerkung von Niklas Luhmann, dass Wirtschafts- und Unternehmensethik „in der Form eines Geheimnisses auftreten, weil sie geheim halten müssen, dass sie gar nicht existieren."[49]

---

[48] Vgl. Ulrich 2001.
[49] Luhmann 1993, S. 134.

VI.

Zum Abschluss dieses Kapitels möchte ich noch zwei weitere wichtige Aspekte der Governanceethik vorstellen und diskutieren, und zwar i) deren gesellschaftspolitische Implikationen und ii) ihr Verhältnis zur philosophischen Ethik.

ad i) Die Governanceethik stützt sich entscheidend auf die Annahme, dass moderne Gesellschaften funktional differenzierte Gesellschaften sind.[50] Daraus leitet sich ab, dass eine hierarchische Ordnung des Verhältnisses von moralischer und ökonomischer Logik (Primat der Ethik) zwar theoretisch formulierbar, aber praktisch nicht durchführbar ist. Eine moderne Ethik der Wirtschaft sieht sich damit vor das Problem gestellt, die Bedingungen zu spezifizieren, unter denen praxisgestaltende moralische Kommunikation in der Wirtschaft überhaupt möglich ist. Zur Beantwortung dieser Frage ist eine zweite Annahme von grundlegender Bedeutung, nämlich die, dass moderne Gesellschaften und deren Wirtschaft, um es mit einem Satz John Rawls zu sagen, Veranstaltungen zum gegenseitigen Vorteil ihrer Mitglieder sind[51], also im Wesentlichen durch deren Kooperations- und Interaktionsproblemen bestimmt sind. Die Bedingungen gelingender moralischer Kommunikation sind daher zugleich die Bedingungen gelingender sozialer Kooperation. Diese Fassung des ethischen Problems moralischer Gesellschaften ist sowohl philosophischen als auch ökonomischen theoretischen Anstrengungen zugänglich, so dass es einen geeigneten Ausgangspunkt für das genuin interdisziplinäre Fach Wirtschafts- und Unternehmensethik bildet. Mit anderen Worten: Die wissenschaftliche Perspektive verschiebt sich vom hierarchisch begründeten Primat der Ethik über die Wirtschaft auf deren Funktion in polykontextualen Kooperationsbeziehungen. Die gesellschaftstheoretisch gesteuerte Grundkonstellation des Verhältnisses von Ökonomie und Ethik, nämlich als Problem der Kooperation unterschiedlicher Sprachspiele und Rationalitätstypen in funktional differenzierten Gesellschaften, wird in der Governanceethik über die Organisationen der Gesellschaft abgearbeitet. Sie reagiert mit einem organisationstheoretisch ansetzenden mikroanalytischen und mikropolitischen Anwendungsbezug,

---

[50] Vgl. hierzu das umfangreiche Werk von Niklas Luhmann, v.a. aber Luhmann 1987, 1997.
[51] Vgl. Rawls 1979, 52.

weil hier, auf der Ebene der Organisationssysteme der Funktionssysteme, ein polylingualer Diskurs von Ethik und Ökonomie nicht nur möglich, sondern notwendig ist, weil Organisationen, also etwa Unternehmen, als Kooperationsprojekte konzipiert sind, denen moralökonomische Problemstellungen immanent sind. Die Governanceethik entwickelt daher die wirtschaftsethischen Probleme moderner Gesellschaften immanent, das heißt aus den Funktionsbedingungen ihrer Organisation. In der Konsequenz nutzt die Ethik der Governance keinen auf Begründung abstellenden, sondern einen kohärentistischen Ethikbegriff[52], der institutionenökonomisch in eine Theorie lokaler Gerechtigkeit[53] überführt wird.

ad ii) An dieser Stelle ist es Zeit, in eine erste Runde der Erörterung des Verhältnisses von Governanceethik und philosophischer Ethik einzutreten. Im Kern geht es dabei um die Frage der Normativität der Governanceethik, die sich der dominanten modernen philosophischen Tradition folgend aus vernünftigen Begründungen, die vor aller gesellschaftlichen Praxis liegen, herleiten lassen muss. Damit war und ist von Anfang ein Spannungsverhältnis zum Forschungsprogramm der Governanceethik gegeben, die ihren Ausgangspunkt nicht in philosophischen Begründungsbemühungen, sondern in der wirtschafts- und unternehmensethischen Praxis hat.

Ich habe in meinen früheren Veröffentlichungen[54] zu diesem Themenbereich nur knapp Stellung bezogen. Einerseits, weil der Fokus meines Forschungsinteresses in dieser Zeit auf anderen Schwerpunkten lag, etwa auf der Integration der Governanceethik in die Institutionen- und Organisationsökonomik. Andererseits wurde die damit zusammenhängende Ressourcenknappheit ergänzt durch die Überzeugung, dass die Governanceethik nicht in einem Wurf zu entwickeln sei, sondern für viele Jahre work in progress sein würde. Mit anderen Worten: Ich hatte keine geklärte Auffassung zu diesem Thema.

In „Die Ethik der Governance"[55] habe ich die Auffassung vertreten, dass die Governanceethik durch zwei unterschiedliche ethische Ebenen gekennzeichnet sei. Aus ihrer analytischen Ausrichtung, die sich methodologisch in den soeben angeführten Koeffizientenmatrizen ausdrückt,

---

[52] Vgl. Badura 2002.
[53] Vgl. Elster 1992.
[54] Vor allem in Wieland 1999, S. 67-69 sowie 2001b, S. 25-27.
[55] Wieland 1999, S. 67 f.

ergibt sich der deskriptive Charakter der Governanceethik. Hier geht es darum, die Logik moralischer Ansprüche und Kommunikation zu beschreiben und zu verstehen. Aus ihrer organisational gestalterischen Ausrichtung, die sich methodologisch in der Governancestruktur OKK ausdrückt, ergibt sich in einem ersten Zugriff ihr normativer Charakter, weil diese auf Handlungsempfehlungen abstellt. In dem Aufsatz „Eine Theorie der Governanceethik"[56] habe ich mich dann direkt mit der Normativität der Governance aus Begründung beschäftigt. Spezifisch habe ich für ein dreistufiges Verfahren plädiert, das die mit der Moderne gegebene Entkopplung von Begründung und Anwendung in der Ethik zur Kenntnis nimmt, um sie dann als individuellen oder organisationalen Lernprozess rekursiv miteinander zu verknüpfen. Ausgangspunkt hierfür war die Überlegung, dass alle Gesellschaften mit einem relativ stabilen Set moralischer Überzeugungen ausgestattet sind, die legitimierend und daher handlungsleitend wirken, weil sie als ethisch begründet gelten. Diese Begründungen, von der philosophischen Profession produziert, gehören in die Wissensbestände einer Gesellschaft und werden dort von dieser für die Regelung gesellschaftlicher Praxis abgerufen. Auf der Implementierungsebene moralischer Ansprüche, so die weitere Argumentation, wird der Anwendungskontext für diese Begründungen dominant. Dies kann dazu führen, dass der Vollzug begründeter ethische Sätze wegen prohibitiver ökonomischer oder moralischer Kosten abgelehnt und eingestellt wird. Die Gesellschaft stellt gewöhnlich in solchen Fällen auf Ökonomie, Verfahren oder Recht um, die funktionale Äquivalente für Moral in der modernen Gesellschaft bilden. Diese empirische Erfahrung wiederum führt auf einer dritten Stufe dann in Form eines Lernprozesses zu Rückkopplungen der Anwendungsdiskurse auf die Begründungsdiskurse, womit auch gesagt ist, dass es letztlich die Erfahrungen gesellschaftlicher Praxis sind, die ethischen Begründungsdiskursen zugrunde liegen. Die Argumentation verläuft also dergestalt, dass die gesellschaftlich als kulturelles Wissen (IF) vorhandene Normativität für Handeln in der Wirtschaft über Anwendungsdiskurse in die Praxis eingeführt wird und von dort aus auf diese als Bestätigung oder Korrektur zurückwirkt.

Diese Argumentation für die Ent- und Verkopplung von distinkt gedachter Begründung und Anwendung in der Wirtschafts- und Unternehmensethik war motiviert durch die Einsicht, dass das neuzeitliche Zer-

---

[56] Wieland 2001b, S. 25 ff.

brechen der aus der griechischen Philosophie tradierten Einheit der Begründung und Anwendung ethischer Ansprüche an Handlungen irreparabel ist. Die Annahme des alten Europas, dass allgemein begründete ethische Anforderungen dadurch zugleich anwendungsfähig seien, basierte auf einer diesen stratifizierten Gesellschaften eigenen empirischen Homogenität der Poliskultur (IF), rechtlicher Rahmenordnung (FI) und der Verfassung und Praxis von politeia und oikonomia (OKK). In der modernen, funktional differenzierten Gesellschaft ist dies nicht mehr der Fall. Die kantische Entkopplung der philosophischen Begründung der Ethik von der empirischen gesellschaftlichen Praxis realisiert dies, allerdings nur um den Preis, dass die Kluft zwischen vernunftgesteuerten Begründungen und moralischer Praxis unüberbrückbar wird. Dies haben die Theoretiker der materialen Werteethik gesehen und gegen Kant festgehalten.[57] Die Wirtschafts- und Unternehmensethik, eine Paradedisziplin der griechischen und scholastischen Philosophie, verschwand in der Folge von der Traktandenliste der Philosophie, überlebte noch eine Weile in der christlichen Sozialethik und war in der Mitte des 20. Jahrhunderts nur noch ein dogmengeschichtlich interessanter Erinnerungsposten. Oder jedenfalls schien es so.

Der Aufschwung der Wirtschafts- und Unternehmensethik in den 80er Jahren des 20. Jahrhunderts ging dann folgerichtig auch nicht von der Philosophie oder Theologie, sondern von den Unternehmen der Wirtschaft[58] und in der Folge von der Ökonomik und anderen Sozialwissenschaften aus. Da aber auch die Ökonomik spätestens mit Beginn des 19. Jahrhunderts damit begonnen hatte, ihre Kategorien von allen moralischen Konnotationen zu reinigen, um als ‚Science' und nicht als ‚Art' zu gelten[59], erhob sich mit Notwendigkeit die Frage, auf welcher theoretischen Grundlage eine moderne Wirtschafts- und Unternehmensethik überhaupt betrieben werden könnte. Dies galt und gilt sowohl für die philosophische als auch für die ökonomische Theoriebildung.

Für die Governanceethik war daher von allem Anfang an klar, dass weder die purifizierte neoklassische Standardökonomik noch eine der herkömmlichen begründungsorientierten Ethiken dafür in Frage kommen dürften. Während die Standardökonomik rein begrifflich und von ihrem

---

[57] Vgl. Max Scheler 1916/2005.
[58] Vgl. hierzu Wieland 1993a.
[59] Vgl. Biervert/Wieland 1987.

Forschungsinteresse her die moralische Dimension wirtschaftlicher
Transaktionen entweder gar nicht oder doch nur als ökonomische Dimension reformulieren kann, scheitern Begründungsethiken aus der Sicht der
Governanceethik an ihrem nicht vorhandenen beziehungsweise unter-
komplexen Praxisbezug. Was nun die ökonomische Seite dieses Problems angeht, so wurde dies – jedenfalls aus der Sicht der Governanceethik – durch die Integration moralischer Fragestellungen in die institutionalistische Neue Organisationsökonomik gelöst.[60] Auf philosophischer
Seite entwickelte sich in gleichem Zeitraum der Kohärentismus[61], dessen
Annahmen und Überlegungen mir im Wesentlichen kompatibel zu sein
scheinen mit denen der Governanceethik. Aus der Sicht des Kohärentismus ist Moral eine bestimmte Form des Orientierungswissens, eine Kompetenz des Sich-Zurechtfindens, die sich situationsspezifisch und in Einklang mit anderen Wissensformen der Sozial- und Gesellschaftswissen-
schaften bewähren muss. Die ethische Reflexion solcher lokalen Situationen läuft dann nicht mehr auf die Feststellung letztgültiger normativer
Fundamente und daraus abgeleiteter Normen zur praktischen Umsetzung
derselben hinaus, sondern auf die kohärente Integration moralischer und
nicht-moralischer Überzeugungen. Auch der Kohärentismus ist damit
eine Variante der Ent- und Verkopplung von Begründung und Anwendung. Er teilt allerdings die gleiche Schwäche, die auch meine Überlegungen zur Normativität in der Governanceethik kennzeichnen. Es wird
nicht genau gesagt, wie denn diese „Balancierung" und „Integration"
durch „rekursive Lernprozesse" theoretisch gebündelt und damit zugleich
auf einen operationalisierbaren Begriff gebracht werden. In der Sprache
der Governanceethik kann dies nur heißen, dass die Relationierung dieses
prozesshaften Vorganges verstanden werden muss, und dass er nur verstanden werden kann als Governancestruktur. Mit anderen Worten: Die
Normativität der Governanceethik ergibt sich nicht einfach aus dem Zusammenspiel von Begründung und Anwendung, sondern aus der zielfüh-
renden Stabilität der Steuerungsstruktur dieser Interaktion. Governance
ist in sich selbst ein moralisch und normativ aufgeladener Begriff. Mehr
noch: Die Kunst der Governance moralökonomischer Anliegen ist eine
Tugend.

---

[60] Vgl. dazu Wieland 1996a.
[61] Vgl. Badura 2004 und die dort angegebene Literatur.

III. Kapitel

Die Strukturen moralischen Engagements

I.

In diesem Kapitel möchte ich die im vorangegangenen Kapitel eröffnete Diskussion über den Begriff der Governance im Hinblick auf seine moralische Bedeutung weiter vertiefen. Ich werde die Argumentation in eine Richtung entwickeln, die plausibilisiert, dass Begriff und Struktur der Governance in der Governanceethik selbst normativ sind und dass man sowohl sinnvoll von einer Governance der Tugend als auch von einer Tugend der Governance sprechen kann. Unter Tugend verstehe ich dabei die Vorzüglichkeit einer Haltung und Handlung eines individuellen oder kollektiven Akteurs im Sinne einer best practice in der Realisierung gesellschaftlich legitimierter moralischer Ansprüche und Werthaltungen. Mit anderen Worten: Mich interessiert die moralische Qualität der Steuerungsstrukturen moralischer Handlungen. Diese Untersuchung zielt im Kern auf die Frage, in welcher Weise die Governance sozialen Handelns verknüpft werden kann mit der Ermöglichung und Sicherstellung moralischen Engagements individueller und kollektiver gesellschaftlicher Akteure. Diese Problemstellung legt die Annahme nahe, dass die allgemein akzeptierte Definition, Ethik bezeichne die Lehre vom moralisch richtigen und guten Handeln, so zu verstehen ist, dass es um die Governance richtigen und guten Handelns geht, nicht aber um das „Handeln an sich". Moralisches Handeln ist Ausdruck einer institutionell oder organisationell gestützten Wahlentscheidung von Akteuren und nicht die Realisierung von begründungsethisch gestützten Sätzen.

Mein Vorschlag lautet, wie bereits im zweiten Kapitel entwickelt, den Gegenstandsbereich der Wirtschafts- und Unternehmensethik als die Wahlentscheidung eines individuellen oder kollektiven Akteurs für eine Governancestruktur zur Realisierung der gesellschaftlich legitimierten moralischen Dimension einer wirtschaftlichen Transaktion zu verstehen.

Etwas in dieser Weise als einen funktionalen Zusammenhang zu verstehen, heißt noch nicht, etwas über die grundlegende ethische oder moralische Dimension von Governance zu sagen. Man kennt zwar die Argumente der Funktion, hat Angaben über ihre Wirksamkeit, und man
kann die Struktur ex ante definierter Moralprobleme erkennen. Aber damit verbleibt man im Bereich der deskriptiven Ethik. Es entsteht so der
Eindruck, als ob die normative Dimension allein über die zu realisierende
Handlung (Tm) gegeben sei, während der Prozess der Governance (IS,
IF, FI, OKK) rein funktionalistisch zu verstehen sei. Dass dieser Eindruck nicht vollständig unbegründet ist, zeigt sich sofort, wenn man sich
die verschiedenen Definitionsversuche in „Die Ethik der Governance"
(1999) genauer anschaut:

> „Ihre Ethik (die der Governance; d.A.) besteht in dem Einbau von mo-
> ralischen Werten und Regeln in genau definierte Steuerungsregimes
> innerhalb und zwischen Unternehmen für spezifische Transaktionen."
> (8)

> „Governancestrukturen sind formale und informale Ordnungen zur
> Steuerung der verschiedenen Codes oder Logiken eines Systems oder
> einer Organisation, eine Matrix, innerhalb derer distinkte Transaktio-
> nen verhandelt und möglichst vollständig durchgeführt werden." (46)

> „Governancestrukturen sind Sets oder Matrizen kommunizierter for-
> maler und informaler Regeln und Werte, die als Constraints den ko-
> operativen Akteur konstituieren und ihn mit expliziten und impliziten
> Spielregeln für Vertrags- und Organisationsbeziehungen zur Realisie-
> rung spezifischer Transaktionen ausstatten." (67 f.)

> „... Governanceethik als Problem lokaler Gerechtigkeit bei der Alloka-
> tion moralischer Güter in ... Kooperationen zu konzipieren." (74)

Diese Definitionen sind stark beeinflusst von der Transaktionskostenökonomik und den organisationstheoretischen Arbeiten Oliver E. Wil-
liamsons[62], die zentral auf den Begriff der Governancestruktur als informale und formale Steuerungsregimes und der durch sie geführten, gesteuerten und kontrollierten Transaktionen abstellen. Die integrative
Verbindung dieser organisationsökonomisch ansetzenden Steuerungs-

---

[62] Williamson 1984, 1985, 1993a, 1993b.

regimes zu moralischen Phänomenen in der Wirtschaft läuft in der Governanceethik systematisch über Begriffe – Institution, Organisation, Kooperation, Ressourcen, Güter, Polylingualität und vor allem Governance
–, die die ökonomieimmanente Kopplung von Wirtschaft und Moral ermöglichen, ohne die Identität der Moral als Moral zu zerstören. Vor
allem in den beiden Büchern „Ökonomische Organisation, Allokation
und Status"[63] und „Die Ethik der Governance"[64] sowie in dem Aufsatz
„Eine Theorie der Governanceethik"[65] habe ich versucht, diese Zusammenhänge zu klären, die ich daher hier nur kurz referiere.

i) Institution: Die Betonung des moralischen Gehalts formaler und
informaler Institutionen, entweder einer Gesellschaft oder einer Organisation, ist ein wichtiges Band der Verknüpfung ökonomischer und moralischer Erwägungen. Die moralischen Institutionen der Gesellschaft als
Umweltbedingung und die vertragstheoretische Interpretation der Konstitution der Firma als kollektiver moralischer Akteur sind grundlegend.
Die theoretische Figur des impliziten oder psychologischen Vertrags
spielt dabei ebenso eine konkretisierende Rolle wie die der „economics
of atmosphere".[66]

ii) Organisation: Moderne Gesellschaften sind Organisationsgesellschaften und ihre Wirtschaftssysteme sind Kooperationsökonomien, die
das Problem lösen müssen, die Knappheit von Ressourcen und Kompetenzen durch Kooperation und Koordination in und mittels Organisationen unter der Bedingung von Wettbewerb temporär zu überwinden. Der
Zwang zur kooperativen Lösung von Konflikten, die Nichtausbeutung
von Abhängigkeiten und die Notwendigkeit formaler und informaler
Ordnung machen Moralität zu endogenen Ereignissen in der Ökonomie.
Auf der Ebene der Organisation spiegelt sich dieser Sachverhalt als
Ethik- oder Wertemanagement, das sich entweder auf firmen- oder transaktionsspezifische Managementsysteme abstützt.

iii) Kooperation: Menschliche Gesellschaften und deren Organisationen sind Kooperationsprojekte sozialer Akteure zum wechselseitigen
Vorteil. Moral und Ökonomie entstehen gleich ursprünglich im Zusammenhang menschlicher Kooperation, sind deren Ausdruck und haben für-

---

[63] Vgl. Wieland 1996.
[64] Vgl. Wieland 1999.
[65] Vgl. Wieland 2001b.
[66] Wieland 1996, S. 158 ff.

einander sowohl eine Ermöglichungs- als auch eine Restriktionsfunktion. Kooperationsbereitschaft und Kooperationsfähigkeit sind Werte, die die Ethik der Unternehmung als Formproblem eines Kooperationsprojekts aufwerfen.

iv) Ressourcen: Moralische Präferenzen und moralisches Engagement reformulieren die Governanceethik als individuelle oder kollektive Ressourcen, Fähigkeiten oder Kompetenzen eines Wirtschaftsakteurs im Sinne der modernen Organisationstheorie und Organisationsökonomik. Daraus folgt als Problemstellung, den Verfahren der Allokation der Ressource Moral Aufmerksamkeit zu schenken.

v) Güter: Die Governanceethik unterscheidet wirtschaftliche und moralische Güter sowie Moralgüter. Moralische Güter sind Werte und Wertschätzungen, die gemeinsam mit wirtschaftlichen Gütern als Achtung zugewiesen werden. Moralische Güter befriedigen ein Bedürfnis und haben einen Wert, aber keinen Preis. Ihre Allokation kann daher nicht über den Markt verlaufen, sondern nur über organisierte Kooperation. Moralgüter sind Güter oder Dienstleistungen, die eine immanente moralische Dimension haben.

vi) Polylingualität: Polylingualität bezeichnet die Annahme, dass Unternehmen als Organisationssysteme, anders als das Funktionssystem Markt, polykontextual und polylingual operieren können und auch können müssen, wenn sie im Markt und in der Gesellschaft ihre Existenz und ihr Wachstum auf Dauer stellen wollen. Dies ist der Grund, warum Unternehmen die Sprache der Moral nicht nur verstehen und sprechen können, sondern warum genuine Moral Bestandteil ihrer Kooperations- und Koordinationsstrukturen ist.

Die Charakterisierung und Analyse von Unternehmen der Wirtschaft als polylingual kommunikationsfähige und polykontextual handlungsfähige ist ein zentraler Baustein der Governanceethik. Er transportiert wesentliche Aussagen, die es ermöglichen, Moral als endogenes Element wirtschaftlichen Handelns zu verstehen und nicht als exogene Beschränkung. Diese Aussagen lassen sich wie folgt zusammenfassen.

a. Es gibt moralische Kommunikation in den Organisationen der Wirtschaft, die ökonomische Konsequenzen hat. Sie ist gesellschaftlich gesteuert, dockt an die wirtschaftlichen Transaktionen der Unternehmen an, gibt ihnen dadurch eine moralische Dimension und konstituiert moralische Güter und Moralgüter. Das ist der Kern dessen, was ich moralökonomische Diskurse und Transaktionen nenne. Ihren Grund finden sie in der Moral einer gegebenen Gesellschaft, aber ihre Konsequenzen sind, jedenfalls in der Wirtschaft, wirtschaftlich. Das schließt nicht aus, sondern ein, dass über Lernprozesse auch moralische Konsequenzen im System der Moral anfallen.

b. Diese wirtschaftlichen Konsequenzen können negativer oder positiver Natur sein. Negativ bedeutet, Moral in der Wirtschaft generiert Kosten, die als Transaktionskosten (Tk) zu den Produktionskosten (Pk) hinzukommen und damit die Gesamtkosten (Gk) eines Produkts oder einer Dienstleistung erhöhen. Die Formel Gk = Tk + Pk legt nahe, dass moralisches Engagement, unter sonst gleichen Bedingungen, eine Verschlechterung der aktuellen Wettbewerbsposition für Unternehmen mit sich bringt, die in einem Markt wirken, der dieses Engagement nicht prämiert.

c. Die positiven Konsequenzen können in einem Zuwachs an Reputations- und Identifikationskapital gesehen werden, der zu einer Vermehrung der Kooperationschancen dieses Unternehmens und damit letztlich seiner Kooperationsrente führt. Gleichfalls bildet moralökonomische Kommunikation die Grundlage einer verhaltenssensiblen Corporate Governance[67] und ist damit eine wesentliche kulturelle Ressource zur Prävention von Kosten durch Verhaltens- und Politikrisiken.[68] Moralökonomische Kommunikation, wie Polylingualität und Polykontextualität überhaupt, sind Fähigkeiten und Ressourcen eines Unternehmens, die aus der Sicht der resource based view of the firm[69] so aufgebaut, mobilisiert und strategisch und operativ positioniert werden können, dass sie nicht nur einen, sondern den Wettbewerbsvorteil eines Unternehmens bilden.

d. Die Hintergrundidee der Textbuchökonomik, dass Ethik in der Wirtschaft, unter sonst gleichen Bedingungen, ein Wettbewerbsnachteil ist, ist demnach nur eingeschränkt richtig. Ebenfalls ist die Idee irrig, dass Unternehmen sich in jeder ihrer Transaktionen an den Markt anpassen müssten. Wäre das so, gäbe es in der Tat keinen Raum für Polylingualität und Polykontextualität. Ursache für diese Fehlinter-

---

[67] Wieland 2005c.

[68] Vgl. Fürst 2005.

[69] Vgl. Barney 1991, Penrose 1959/1995, Wieland/Becker 2004.

pretationen ist die nicht durchgeführte Differenzierung verschiedener Steuerungsebenen. Die Standardökonomik behandelt Firmen wie Märkte[70] und nicht wie Organisationen. Daher kann sie auch nicht sehen und thematisieren, dass Unternehmen zwar jede ihrer Transaktionen auf ihre wirtschaftlichen Konsequenzen hin überprüfen müssen, diese aber nicht das alleinige und gelegentlich nicht einmal das dominierende Entscheidungskriterium für jede konkrete Transaktion sind. Abstrakter formuliert: Märkte wirken immer im Hinblick auf die Gegenwart t_1, Organisationen verfügen über Vergangenheit, Gegenwart und Zukunft, wirken also immer in t_0 bis t_n. Unternehmen sind Organisationen des Funktionssystems Markt, bilden aber eine eigenständige Systemebene, nämlich die der Organisationssysteme. Sie müssen sich daher nicht immer und ohne Ausnahme an die Leitcodierung (Zahlungs-)Angebot/(Zahlungs-)Nachfrage des Funktionssystems anpassen, sondern können und müssen versuchen, Märkte und damit ihre Zukunft als Organisation zu gestalten. Organisationen verfügen über die strategische Potenz, ihre moralökonomischen Transaktionen unter dem Gesichtspunkt ihrer eigenen Leitcodierung von Kosten und Erträgen zu gestalten und in diese Gestaltung über einen Zeithorizont zu investieren. Moral ist ein solches Investment.

Ich glaube, dass sich diese auf strukturelle Kopplung abstellende kategoriale Architektur der Governanceethik als theoretisch sinnvoll und fruchtbar erwiesen hat. Steuerungsstrukturen (Institution, Organisation), Steuerungsmodi (Kooperation, Polylingualität) und Steuerungsobjekte (Ressourcen, Güter) werden so miteinander in Beziehung gesetzt, dass normative Steuerungsziele (Moral einer Transaktion) als Bestandteil des ökonomischen Problems entwickelt werden können, ohne sie dabei in Ökonomie aufzulösen oder die funktionale Differenzierung moderner Gesellschaft zu unterbieten. Funktionale Differenzierung heißt vor allem: Die gegenseitige Autonomie der nicht identischen, aber potentiell komplementären Codes von Ökonomie und Ethik als unhintergehbar zu akzeptieren. Daraus folgt, dass es keinen archimedischen Punkt, keinen „systematischen Ort" gesellschaftlicher Kopplung geben kann, sondern dass diese über die Kommunikation von Funktionssystemen und die Ko-

---

[70] Vgl. Alchian/Demsetz 1972; Jensen/Meckling 1976.

operation dazu gehörender Organisationssysteme im Hinblick auf spezifische Transaktionen läuft.

Dennoch kann man an diesen Kopplungsstrukturen und den oben zitierten Definitionen der Governanceethik nicht übersehen, dass in ihnen die Beziehung Governance und Ethik beziehungsweise Moral aus einer funktionalistischen und organisationsökonomischen Perspektive entfaltet wird. Dies hat etwa dazu geführt, dass die bisherigen Untersuchungen der Governanceethik ihren Fokus auf den Strukturen der Governance von moralischen Handlungen haben und nicht auf einer ethischen Definition der Governance selbst. Das aber sollte man von einer Theorie erwarten, die sich selbst als „Die Ethik der Governance" bezeichnet. Die Frage lautet genauerhin, ob und wenn ja, in welcher Weise Normativität im Prozess der Governance eine Rolle spielt.

Eine weitere Konsequenz der funktionalistischen Strukturorientierung der Governanceethik ist, dass individuelle Personen als moralische Akteure in den bisherigen Erörterungen kaum im Mittelpunkt des Interesses standen, obgleich doch die Selbstbindungsregimes (IS) dieser Akteure ein notwendiges Argument einer vollständigen und notwendigen Governancefunktion sind. Auch sind die Moralität und Tugend individueller Akteure über den Ressourcen- und Güterbegriff theoretisch in das Forschungsprogramm der Governanceethik integriert, finden aber keinen angemessenen Niederschlag in den weiter vorne referierten Definitionen. Interessant ist schließlich auch, dass politische Prozesse und Organisationen keine Berücksichtigung gefunden haben, obgleich sie über die moralische Dimension der Transaktion in vielen Anwendungsgebieten (Staat und auch NGOs) naturgemäß eine sensible Rolle spielen.[71]

Vor diesem Hintergrund ist die Absicht dieser Untersuchung zu sehen, die moralischen Aspekte der Governance individuellen und kollektiven Handelns zu analysieren. Es geht um ein besseres Verständnis der ethischen Dimension der Governance und darum, eine elaborierte und verallgemeinerte Definition der Governanceethik zu gewinnen. Dies aber wird nur möglich sein, wenn wir Governance selbst als Begriff und Prozess struktureller Kopplung der Kommunikation von Funktionssystemen und der Kooperation von Organisationssystemen verstehen.

---

[71] Vgl. für diese berechtigte Kritik Panther 2004.

II.

Moral und Ethik sind Formen der Kommunikation über die Voraussetzungen, die Durchführung und den Umgang mit den Folgen gesellschaftlicher Kooperation durch individuelle und kollektive Akteure. Unter Moral verstehe ich im Einklang mit der Konvention die Üblichkeiten einer Gesellschaft, unter Ethik deren auf legitimierende Begründung abstellende Reflexion. Es scheint einsichtig, dass Moral und Ethik als Aspekte sozialen Handelns ohne gesellschaftstheoretische und sozialwissenschaftliche Epistemologie und Methodologie keiner zutreffenden und im Sinne einer gelingenden Praxis Erfolg versprechenden normativen oder positiven Analyse zugeführt werden können.

Gesellschaften wie die des alten Europas, die ihre Kooperationsbeziehungen als stratifizierte Personalrelationen interpretieren und organisieren[72], haben nicht die geringsten Schwierigkeiten, moralische Reflexion und politische oder wirtschaftliche Praxis als eine Einheit zu sehen. Die platonische und aristotelische Wirtschaftsethik ist immer grundsätzlich und konkret, normativ und positiv zugleich; philosophische Reflexion und theoretische Erörterung der empirisch anzutreffenden Praktiken gehen Hand in Hand. Aristoteles Bemerkung in der Nikomachischen Ethik, dass die dort angestellten „Untersuchungen nicht der reinen Forschung dienen sollen wie die übrigen", weil „wir nicht fragen, nur um zu wissen was die Tugend sei, sondern damit wir tugendhaft werden, da wir anders keinen Nutzen davon hätten"[73], ist programmatisch. Dass Tugenden und ethische Reflexionen einen Nutzen haben sollten, mag für den einen oder anderen zeitgenössischen Verfechter einer reinen oder unbedingten Wirtschafts- und Unternehmensethik verwerflich, weil instrumentalistisch, sein, für das Denken des alten Europas ergab sich nur daraus die Relevanz moralischen Argumentierens für das Gelingen sozialer Gemeinschaft.

Die Charakterisierung der platonischen oder aristotelischen Überlegungen als Tugendethik ist aus der Sicht der Governance nur in dem Sinne von $IS_i = 1$ richtig. Individuelle Tugend ist in Prozessen sozialer Kooperation entscheidend und wirksam; in dem luftleeren Raum eines „um seiner selbst willen" kann sie weder wachsen noch gedeihen. Dies

---

[72] Vgl. zum Folgenden ausführlich und mit den Quellen Wieland 1989.
[73] NE 1103b26.

kann weder in stratifizierten noch in funktional differenzierten Gesellschaften anders sein. Aber diese Interpretation ist weit davon entfernt,
vollständig zu sein. So ist es sowohl für Platon als auch für Aristoteles
selbstverständlich, dass sich die individuellen Tugenden (IS) aus den Ge-
setzen (FI) und den tradierten Sitten der Polis (IS) herleiten und sich auf
diese stützen können. Ohne FI = 1 und IF = 1 kann es auch kein IS = 1
geben. Die Sitten würden verfallen, der Staat und das Handeln würden
korrumpiert. Weiterhin müssen sich die Erfordernisse der Tugenden in
der Verfassung, den Regeln und Verfahren der Organisationen (OKK)
der Polis und der Oikonomia niederschlagen, denn ohne eine Wohlgeordnetheit in dieser Hinsicht wird auch die auf Wissen und Erziehung
gegründete Tugend keine Wirklichkeit gestaltende Chance haben. Das
metaphysische Maß und das Telos dieser Ordnung ist die „Natur", das
„Naturgemäße", die selbst als unabänderlich und dem Menschen nicht
verfügbar gesetzt sind. Ein erfolgreicher sozialer Akteur wird dies erkennen und in seinem Handeln berücksichtigen. Gerade dies scheint mir der
Sinn der Analogie des Wesens der ethischen Tugend als Mitte durch
Aristoteles in der Nikomachischen Ethik zu sein. Er kommt dort zu dem
Schluss, dass die Tugend durch ihr Abzielen „auf die Mitte" bestimmt
ist, also durch Handlungen, die lokalen Kontexten angemessen sind.
Tugend ist zu handeln „wann man soll und wobei man es soll, und wem
gegenüber und wozu und wie, das ist die Mitte und das Beste, und dies
kennzeichnet die Tugend."[74] Tugend ist eine Wahlhandlung, die die
gelingende Integration verschiedener Handlungslogiken (Angemessenheit von Zeitpunkt, Transaktion, Person, Ziel und Mittel) im Hinblick auf
eine distinkte lokale Situation oder Transaktion demonstriert. Es ist der
integrative, angemessene und professionelle Umgang mit Differenz in
spezifischen Situationen, den Aristoteles hier als Grundzug ethischer
Tugend im Auge hat und der ebenfalls grundlegend für die Ethik der
Governance ist. Für diese sind sowohl normatives Handlungsziel, die
Haltung des Handelnden als auch Handlungsinstrumente Elemente der
Tugend, weil und insofern sie in einen Akt der Governance integriert
sind. Die Tugend ist eine dreistellige Relation von Zielen – Mechanismen
– Akteuren, deren Passung (Mitte) sich in der Form der Governance
ausdrückt.

[74] NE II, 1106420-25.

Nicht das richtige und gute Handeln an sich selbst war daher Problemvorwurf des alten Europas, sondern die durch Wissen und Erziehung angeleitete Gestaltung des naturgemäßen Zusammenhangs von Tugenden, Institutionen und Organisationen durch soziales Handeln. Das lokale Hervorbringen dieser Ordnung im Staat und in der Hauswirtschaft wird als Ergebnis eines legitimierten personalen Herrschaftsverhältnisses verstanden, als Steuern, Dirigieren und Kontrollieren von Menschen durch Menschen.

Im Hinblick auf diese als Tugend verstandene Führungsaufgabe war der Führende ein „Kubernetes", dessen Tätigkeit als „kubernan" (steuern, leiten, regieren) bezeichnet wurde. So charakterisiert etwa Platon die Herrscherkunst des Königs im Euthydemos:

> „Sie sei die Urheberin des richtigen Handelns in der Stadt, und so recht nach dem Vers des Aischylos sitze sie allein am Steuer der Stadt, indem sie alles lenke und über alles regiere, mache sie, dass jegliches seinen Nutzen bringe."[75]

Das griechische Verb „kubernan" und dessen lateinische Fassung „gubernare" bezeichnen die Führungs- und Steuerungstätigkeit einer Person und die darauf zielende Kunst. Deren Aufgabe ist die Gestaltung und Integration einer Steuerungsstruktur, die moralisch, ästhetisch und sachlich „richtiges" Handeln so kombiniert, dass jedes Element dieser Struktur seine ihm eigentümliche Wirkung (seinen Nutzen) entfalten kann zum Wohle des Einzelnen und der menschlichen Gemeinschaft oder einer ihrer Organisationen. „Kubernan" ist ein Begriff, der daher sowohl im Bereich der Politik als auch in dem der Ökonomie Funktionsrationalität und moralischen Anspruch verknüpft und gleichzeitig zum Ausdruck bringt. Politisches und ökonomisches Führen, Steuern und Kontrollieren, das als Interaktion in einem System von Personal- und nicht Sachrelationen verstanden wird, ist ohne Tugend nicht als erfolgreich vorstellbar. In dieser Weise erhält der technische Begriff des Regierens oder der Herrschaft (to govern, government) die moralische Konnotation einer guten Regierung. „Kubernan" und „gubernare" bilden in genau diesem Sinne die etymologische Wurzel des mittelenglischen Begriffs „governance".[76]

---

[75] Platon: Euthy. 291d.

[76] Vgl. Collins English Dictionary sowie das Portal der Europäischen Union (Website).

Governance ist modern gesprochen von allem Anfang an eine Kategorie struktureller Kopplung verschiedener gesellschaftlicher Handlungsmodi. Im alten Europa werden sie als integrativ zusammengehörig gedacht, während das neuzeitliche Europa auch die Skepsis über den Zusammenhang von Macht und Moral, ökonomische Rationalität und Moral kennt. Machiavellis Fürst lehrt, dass nur moralfreie Macht zu einer guten Regierung führt, und Karl Marx hat wohl als erster den Konflikt von ökonomischer und moralischer Logik als differente Codierungen identischer Sachverhalte notiert:

> „Wenn ich den Nationalökonomen frage: Gehorche ich den ökonomischen Gesetzen, wenn ich aus der Preisgebung, Feilbietung meines Körpers an fremde Wollust Geld ziehe (...) oder handle ich nationalökonomisch, wenn ich meinen Freund an die Marokkaner verkaufe (...), so antwortet mir der Nationalökonom: Meinen Gesetzen handelst du nicht zuwider, aber sieh dich um, was Frau Base Moral und Base Religion sagt; meine nationalökonomische Moral und Religion hat nichts gegen dich einzuwenden. – Aber wem soll ich mehr glauben, der Nationalökonomie oder der Moral?"[77]

Marx hat diese die Entfremdung von Ökonomie und Moral treibende funktionale Differenzierung der modernen Gesellschaft als Ursache und Ausdruck menschlicher Entfremdung diagnostiziert:

> „Es ist dies im Wesen der Entfremdung gegründet, daß jede Sphäre einen andern und entgegengesetzten Maßstab an mich legt, einen anderen die Moral, einen anderen die Nationalökonomie (... die) ihre eigene Sprache sprechen."[78]

In den öffentlichen Arenen der Moderne setzt sich allerdings nicht nur die Interpretation funktionaler Differenzierung als Entfremdungsphänomen durch, sondern sie wird zugleich als Gewinn an gesellschaftlicher Freiheit und ökonomischer Handlungseffizienz verstanden. Macht und Moral, Ökonomie und Moral werden dann als distinkte Ereignisse verstanden, die man tunlichst nicht vermischen sollte. Governance wird nicht mehr als personales, sondern als apersonales Herrschaftsverhältnis verstanden, das in der Figur der politisch legitimierten und regelgesteu-

---

[77] Marx 1844/1981, S. 550 f.
[78] Ebenda, 551 f.

erten Herrschaft staatlicher Organisationen die Konsequenzen durchgesetzter funktionaler Differenzierung der Gesellschaft exekutiert. In der
Ökonomie reicht jetzt die Mindestmoral der Regeltreue gegenüber der
Rahmenordnung, in den Entscheidungen selbst geht es nur noch um rational choice. Diese tendenzielle Entmoralisierung der privaten und öffentlichen Governance spiegelt den Verlust an Effizienz und Effektivität
wider, der den personalen Tugenden des alten Europas als gesellschaft-
lichem Steuerungsmodus in Neuzeit und Moderne zugerechnet wird.
Nicht mehr die Tugend der herrschenden Eliten integriert die Gesellschaft, sondern die Folgen und Einwirkungen der verschiedenen Funktionssysteme füreinander und aufeinander.[79]

Dies mag damit zusammenhängen, dass funktional differenzierten Gesellschaften nicht mehr das gelingt, was für das alte Europa entscheidend
war, nämlich die Tugend bestimmter Personengruppen einzelnen Hand-
lungsbereichen als verbindliches Standesethos, goldene Kaufmannsmoral
und so weiter zuzuordnen (Staatsmann – Politik, Kaufmann – Wirtschaft,
Ingenieur – Technik, Arzt – Heilkunst, usw.) und den Zugang zu diesen
Personengruppen über Abstammung zu steuern. Funktionale Differenzierung heißt für das Individuum, grundsätzlich in allen Funktions- und Organisationssystemen wirken und sich verhalten zu können: Der Staatsmann als Lehrer oder Rechtsanwalt, der Kaufmann als Psychologe und
Lobbyist, der Ingenieur als Kaufmann und Manager, der Arzt als Unternehmer und Techniker und so weiter. Unter diesen Bedingungen ist die
Frage nach der Governance moralischer Ansprüche mit der Losung „vir-
tues first" nicht mehr zu beantworten. Praktizierende Ärzte erinnern sich
an den hippokratischen Eid nur noch ganz schwach, fehlende Kaufmannsmoral im Management wird immer dann beklagt, wenn der ge-
sunde Menschenverstand nicht mehr weiter weiß, das Credo des Inge-
nieurs ist zum Erinnerungsposten seiner verbandswirtschaftlichen Stan-
desvertretung deklassiert, und Moral von Politikern erwartet sowieso
keiner mehr.

Der Vorschlag der Governanceethik, die Erfolg versprechende Realisierung moralischer Ansprüche auf alle Argumente einer vollständigen
und notwendigen Governancefunktion zu verteilen, ist eine Reaktion auf
diese Entwicklung. Mit diesem auf Steigerung der Komplexität von Ent-
scheidungsprozessen zielenden Vorschlag bleibt ein auf Gestaltung aus-

---

[79] Vgl. hierfür und zum Folgenden Luhmann 1993.

gerichteter moralischer Diskurs der Gesellschaft möglich. Ohne diesen Schritt wäre die Erosion der Wirkungskraft der Tugenden gleichbedeutend mit der gesellschaftlichen Erosion von Moral und Ethik. Damit ist Begriff und Vorgang der Governance wieder offen für moralische Anschlüsse und spiegelt diese als gelingende Simultanität struktureller Kopplung der Ansprüche funktional distinkter Entscheidungslogiken. Signifikanter Ausdruck sind die Prinzipien der EU-Kommission und der OECD für die „Good Governance" des Regierens und Verwaltens. So verlangt die OECD

- respect for the rule of law

- openness, transparency and accountability to democratic institutions

- fairness and equity in dealings with citizens, including mechanisms for consultation and participation

- efficient, effective services

- clear, transparent and applicable laws and regulations

- consistency and coherence in policy formation

- and high standards of ethical behaviour.[80]

Rechtliche, politische, ökonomische und ethische Werte werden hier so aufeinander bezogen, dass gerade ihre Kopplung die Wohlfahrt der Bürger herbeiführen soll. Der Rückgriff auf alteuropäisches Denken im Gewand funktionaler Differenzierung ist unübersehbar.

Die moralische Wiederaufladung des Begriffs Governance, die wir seit gut einem Jahrzehnt beobachten, läuft daher auch nicht mehr über eine Revitalisierung personaler Tugenden, sondern über eine Neudefinition politischer Akteure und deren Aufgaben im Gefolge der Globalisierung. Zunächst zu den Akteuren:

> „Governance is the sum of the many ways individuals and institutions, public and private, manage their common affairs."[81]

---

[80] Aus der Website der OECD. Vgl. auch: http://europa.eu.int/comm/governance/index_en.htm und Online-Verwaltungslexikon olev.de: www.olev.de/g/good_gov.htm

[81] Commission on Global Governance, 1995: 2.

In dieser Definition wird Governance nicht als Job moralfreier Politiker gefasst, sondern als Managementregime individueller und institutioneller, privater und öffentlicher Akteure zur Ermöglichung sozialer Kooperation. Nur ein Jahr später bemerkt „The Prince of Wales Business Leaders Forum" zur Ausdehnung des Aufgabenbereiches:

> „There is a shift taking place in our understanding and practice of governance. Governance used to be principally about what governments do. Today, the concept is increasingly about balancing the roles, responsibilities, accountabilities and capabilities of different levels of governance – local, national, regional and global; (…) public, private, civil society organisations and individual citizens. Governance can be defined as the framework through which political, economic, social and administrative authority is exercised at local, national and international levels. In today's world this framework consists of a wide variety of mechanisms, processes, institutions and relationships (including partnerships) through which individual citizens, groups and organisations can express their interests, exercise their rights and responsibilities and mediate their differences."[82]

An den beiden soeben angeführten politischen Definitionen der Governance ist bemerkenswert, dass nunmehr globale (abstrakte) kollektive Akteure und lokale (konkrete) individuelle Akteure mit ihren Fähigkeiten als prinzipiell gleichberechtigt und autorisiert angesehen werden bei der verantwortlichen Lösung politischer, ökonomischer, sozialer (moralischer) und administrativer Aufgaben einer Gesellschaft. Die Integration von Differenz – der Akteure, der Aufgaben, der Eigenlogiken –, das ist es, was die Substanz von Governance ausmacht.

Die bisherige Diskussion zeigt, dass nichts weniger zutreffend ist als die Vorstellung, die Tätigkeit oder der Vorgang der Governance als Führung, Steuerung und Kontrolle individuellen oder organisationalen Handelns in Kooperationsprojekten sei ein der Ethik fremder technokratischer oder instrumenteller Begriff. Wer dies glaubt, sitzt einem historisch kontingenten Sprachspiel und wenig erfolgreichen Codierungsprogramm der Neuzeit auf, das sich nie vollständig durchgesetzt hat und sich gegenwärtig wieder auflöst. Diese Auflösung schuldet sich der Erfahrung, dass Governance ohne Inklusion der moralischen Dimension nicht

---

[82] The Prince of Wales Business Leaders Forum 1996.

wirksam ist. Dies zeigen gerade die zeitgenössischen Untersuchungen zur Corporate Governance der Ökonomie und der Good Governance der Politik.[83] Der Governancebegriff hat von Anfang an eine ihm immanente tugendethische oder allgemein moralische Dimension, die gesellschaftlich mobilisiert oder zurückgefahren, aber nicht eliminiert werden kann.

Der systematische Grund hierfür liegt in der Ermöglichungs- und Beschränkungsfunktion anwendungsbezogener Ethik: Moralisches oder tugendhaftes Handeln sozialer Akteure kann sich nicht durch sich oder an sich selbst oder um seiner selbst willen faktisch ausdrücken und zur Geltung bringen, sondern nur in und mittels seiner Mechanismen der Governance. Tugend und Moral brauchen ein individuelles oder institutionelles Medium, ein organisatorisches Instrumentarium, an das sie sich ankristallisieren können und durch das sie überhaupt erst soziale Relevanz erhalten. Das In-Geltung-Setzen moralischer Regeln und Standards durch vernunftgesteuerte Begründungsakte ist mit Blick auf moralisches Handeln buchstäblich gegenstandslos, wenn es nicht einhergeht mit der Bestimmung des Mediums der Ermöglichung. Die Mechanismen der Governance sind jedoch nicht das Ergebnis der Anwendung einer vorgängig begründeten moralischen Idee oder Überzeugung, sondern gleich ursprünglicher Bestandteil des moralischen Diskurses über soziales Handeln. Über die moralische Qualität einer Handlung lässt sich weder ohne die Angabe von Gründen noch ohne die Benennung der Strukturen ihrer Governance sinnvoll diskutieren. Die ethische Qualität der Governance im Sinne der Governanceethik speist sich daher nicht nur aus einer als begründet und daher legitim geltenden moralinduzierten Transaktion (Tm), sondern ist zugleich immer schon immanenter Bestandteil der Glieder der Ermöglichungs- und Beschränkungsparameter (individuelle Bindung, Institution, Organisation) der Akteure. Die Unterscheidung von ethischen Begründungs- und Anwendungskontexten ist aus der Sicht anwendungsorientierter Ethiken dann irreführend, wenn Anwendung verstanden wird als amoralische oder „bloß" professionelle Umsetzung vorgängig begründeter moralischer Sätze, die damit dem Bereich einfacher Klugheit zugerechnet werden müssten. Denn dahinter steht ja die Idee, dass sich moralische Qualität allein aus rationalen Begründungsprozessen generiert und nicht etwa ebenso aus persönlichen Motiven (Scham), ge-

---

[83] Vgl. für Corporate Governance Wieland 2005, zum Begriff „Good Governance" Pierre 2000.

sellschaftlicher Kooperation (Empörung) und gelingender Praxis (Governance).

Die Governanceethik akzeptiert demgegenüber die immer schon existierende immanente moralische Qualität der Steuerungsmatrizen moralischer Anliegen in den Funktionsbereichen der Gesellschaft und hat diese als „Moralsensitivität" individueller und struktureller Anreize begrifflich erschlossen.[84] Die immanente ethische Dimension der Governance liegt in ihrem konstituierenden Beitrag zur sozialen Realisierung von Moral, der darin besteht, normative Begründungen über den Parameter IF in die vollständige und notwendige Governancestruktur für eine bestimmte Tm einzuführen. Governance ist nicht allein die Bedingung der Möglichkeit von Moral überhaupt, sondern deren endogenes Element.

III.

Nach dieser philosophischen wenden wir uns der ökonomischen Erörterung der Governance zu. Das Forschungsprogramm der Governanceethik versteht sich, wie bereits erläutert, selbst als ein Beitrag zur Entwicklung einer Neuen Organisationsökonomik, deren Ziel es ist, Organisationstheorie und Ökonomik miteinander fruchtbar zu verbinden. Dabei geht es um die Integration psychologischer, kultureller oder moralischer Parameter in ökonomisch operierende Theorieansätze, was, vielleicht heute mit Ausnahme der Psychologie, bisher nicht oder nur ansatzweise gelungen ist. Der Begriff der Governance spielt in dieser Hinsicht eine wichtige Rolle, und zwar sowohl in der Standardökonomik und ihren Erweiterungen als auch in der Organisationstheorie. Drei forschungsleitende Gesichtspunkte lassen sich dabei unterscheiden: i) Governance als Kontrollmedium in einem Maximierungsmodell, ii) Governance als Kostenmedium in einem Ökonomisierungsmodell und iii) Governance als Organisationsmedium in einem Kooperationsmodell.

ad i) Die Agency Theory steht ganz in der ökonomischen Tradition der Nutzenmaximierung, hier der Erträge der Kapitaleigentümer eines

---

[84] Vgl. dazu Wieland 1999, S. 69, wo sich die zusammenfassende Definition findet: „Die Governanceethik ist die Lehre von der komparativen Analyse der moralsensitiven Gestaltung und Kommunikation der Governancestrukturen spezifischer wirtschaftlicher Transaktionen mittels Kooperationen."

Unternehmens.[85] Sie ist daher heute der entscheidende Andockpunkt für Überlegungen zur Corporate Governance[86], die sich auf die Wahrnehmung der Interessen der Eigentümer gegenüber dem Management konzentrieren. Aus dem Gesichtspunkt der Trennung von Eigentums- und Verfügungsrechten kommt dem Monitoring und der Kontrolle des am eigenen Interesse orientierten Managements eine zentrale Rolle zu. Moralische Probleme tauchen in dieser Welt von Prinzipalen und Agenturen in der Gestalt doloser Handlungen und des Risikos aus Investment und Verfahren auf, werden aber nicht als Moralrisiken[87], also als Risiken aus wertegesteuertem Handeln und Verhalten, verarbeitet, sondern als technisches Kontrollproblem. Das ist aber nicht vollständig lösbar. Unvollständige Kontrolle und deren technische Überwindung durch Anreize und Monitoring sind in diesem theoretischen Kontext folgerichtig das Kernproblem der Corporate Governance. Im Rahmen der Agency Theory sind moralgesteuerte Verhaltensrisiken aus methodologischen Gründen nicht reflektierbar, da der Zeithorizont dieser Theorie nur t_1 ist und Moralbildung dementsprechend als gegebene Präferenz modelliert werden muss.[88] Die Entwicklung eines WerteMangementSystems[89] als Instrument zur kontinuierlichen Mobilisierung einer werteorientierten Unternehmenskultur[90] und zur Sensibilisierung der Kommunikation in Organisationen für Wertehaltungen ist eine Möglichkeit, mit diesem Defizit der Agenturtheorie umzugehen, wenn und insofern an deren Anreiz- und Kontrollfokus angedockt wird. In diesem Sinne ist die Corporate Governance-Problematik ein sehr fruchtbares Feld moralökonomischer Forschung[91] und ein wesentlicher Bestandteil der Governanceethik. Für die hier zu führende Diskussion halten wir daher fest, dass die Gesichtspunkte der Anreize, Kontrolle und der kommunikativen Sensibilisierung Bestandteil der moralischen Qualität einer Governancestruktur sein müssen.

ad ii) Die Transaktionskostentheorie hat ihren Fokus auf der positiven und normativen Erforschung von Governancemechanismen, die der

---

[85] Vgl. Jensen/Meckling 1976; Fama/Jensen 1983.

[86] Vgl. Shleiffer/Vishny 1997; Wieland 2005.

[87] Vgl. Fürst 2005.

[88] Vgl. für eine detaillierte Argumentation Wieland 1996, S. 95 ff.

[89] Vgl. für eine umfassende Analyse und Darstellung Wieland 2004b.

[90] Vgl. grundlegend Fürst 2005.

[91] Vgl. Wieland/Fürst 2004 und Wieland 2005c.

Ökonomisierung von Transaktionskosten dienen.[92] Kontrolle des Managements und der anderen Vertragspartner ist ein wichtiger Gesichtspunkt, aber der komparativ effiziente und effektive Umgang mit „contractual failure"[93] steht im Vordergrund. Dieser schlägt sich in unterschiedlichen Kosten der Transaktion nieder: „A governance structure is thus usefully thought of as an institutional framework in which the integrity of a transaction ... is decided."[94] Markt und Organisation im Kontext individueller Präferenzen und Verhaltensmuster sind in ihrem gesellschaftlichen und kulturellen Umfeld (institutional environment) wesentliche Governancestrukturen.[95] Integrity wird in der Transaktionskostentheorie im Sinne der Vollständigkeit und Nichtverletzung von Verträgen verstanden, die abhängt von den Anreizen, die sich aus einer bestimmten Governancestruktur in ihrer Umwelt und den mit ihr durchgeführten Transaktionen ergeben. Daraus ergibt sich ein Gestaltungsproblem, nämlich das der Wahl einer kostengünstigen und wirksamen Governancestruktur für eine bestimmte Transaktion. Die Governancefunktion der Governanceethik greift diese Problematik auf und erweitert die technische und juristische um die moralische Integrity (Rechtschaffenheit) der Akteure. Auch diesen Gesichtspunkt, die moralische Sensitivität von Governance als Ausdruck der Effektivität und Effizienz von Steuerungsstrukturen sozialen Handelns, halten wir für unsere Diskussion der immanenten moralischen Qualität von Governance fest.

ad iii) Die Resource Dependence Theory, die Stewardship Theory und die Power Theory[96] stellen den Gesichtspunkt der Effizienz und der Erweiterung organisationaler Funktionen zur Ermöglichung der Kooperation wirtschaftlicher Akteure in den Mittelpunkt ihrer Governancediskussion. Governance wird in diesem theoretischen Kontext verstanden als a) Modus der Steuerung und Mobilisierung organisationaler Ressourcen auf festgelegte Zwecke[97], als b) strategische Kompetenz[98] oder c)

---

[92] Vgl. Williamson 1981: 225, 239; 1984; 1996 sowie neuerlich 2000.

[93] Williamson 1984: 1199 ff.

[94] Williamson 1996: 11.

[95] Vgl. Williamson 1996: 223.

[96] Vgl. zur Übersicht über diese theoretischen Konzepte Daily/Dalton/Cannella 2003.

[97] Vgl. Foss/Mahnke 2000; Dosi/Teece 1998.

[98] Vgl. Williamson 2000.

strategische Fähigkeit[99], dies zu bewerkstelligen und als d) die Fähigkeit zur Organisierung eines Stakeholdermanagements. Im Hinblick auf den Gesichtspunkt d) versteht Aoki Governance als „the structure of rights and responsibilities among the parties with a stake in the firm".[100] Wie bereits weiter vorne erwähnt, ist der Fokus auf die moralischen Ressourcen und Kompetenzen individueller und kollektiver Akteure und deren Einfluss auf die strategischen und operationalen Fähigkeiten dieser Akteure, so wie sie sich in ihren tagtäglichen Transaktionen zur Geltung bringen, eine wichtige theoretische Innovation der Governanceethik im Rahmen der wirtschafts- und unternehmensethischen Diskussion.

Wenn wir diese ökonomische und organisationstheoretische Diskussion vergleichen mit der weiter vorne angeführten philosophischen und politischen Diskussion, so wie sie sich in der Definition des „Prince of Wales Business Leaders Forum" niederschlägt, so zeigt sich unverkennbar Differenz, aber auch Konvergenz im Verständnis des Prozesses der Governance. Letztere, und nur diese soll uns hier interessieren, besteht a) in der Erweiterung der Zielfunktion (Kontrolle, Transaktionssteuerung), b) in der Generalisierung der involvierten Akteure (individuelle und kollektive) als Stakeholder, c) in der Wahrnehmung von Interessen, Rechten und moralischen Verantwortlichkeiten mittels Governanceprozessen und d) in der Betonung der dazu notwendigen Strukturen und Mechanismen (Markt, öffentliche und private Organisationen, politische und kulturelle Institutionen, Verfahren). Governance wäre demnach als eine dreistellige Relation zwischen Zielen – Mechanismen – Akteuren zu verstehen, deren Effizienz und Effektivität abhängt von der Angemessenheit und der Adaptivität der gewählten Struktur. Daraus lässt sich folgende verallgemeinernde Definition der Governanceethik ableiten:

In der Governanceethik zielt Governance auf den Prozess der simultanen strukturellen Kopplung der Funktionssysteme von Politik, Ökonomie und Moral. Die Ethik der Governance bezeichnet die immanente ethische und moralische Qualität einer globalen oder lokalen Steuerungsstruktur im Hinblick auf die Sensibilisierung individueller und kollektiver Akteure für die Relevanz und Realisierung moralischer Werte und Regeln in spezifischen politischen, sozialen und wirtschaftlichen Transaktionen. Die Effizienz und Effektivität der Realisierung dieser morali-

---

[99] Vgl. Dosi/Nelson/Winter 2000.
[100] Aoki 2000: 11.

schen Erwartungen und Ansprüche in den spezifischen Transaktionen eines Kooperationsprojekts, also die Wirksamkeit der Ermöglichungs- und Beschränkungsfunktion der Moral, hängen ab von der Gestaltung und dem Zusammenwirken der erreichbaren individuellen, institutionellen und organisatorischen Steuerungsregimes. Diese Governancestrukturen sind informale und formale, selbststeuernde und fremdsteuernde Ordnungen und Mechanismen, die auf die Initiierung, Entwicklung, und Kontrolle moralökonomischer Transaktionen abzielen.

Diese Definition der Governanceethik expliziert den moralischen Charakter der bisher im Vordergrund stehenden Strukturdimension und verallgemeinert diese im Hinblick auf alle Formen gesellschaftlicher Akteure und Organisationssysteme. Sie lässt sich in die bereits vorne eingeführte Governancefunktion übertragen und führt dann dort zu Modifikationen, die die erwähnten Strukturendimensionen integrieren. Die folgende Schreibweise hält dies fest:

$$Tm = f\,(cIS_{ij};\; bIF_{ij};\; aFI_{ij};\; dOKK_{ij})_{pöki}$$

$$a...d = -1, 0, 1;$$

i = spezifische Transaktion; j = spezifischer Ort;
pöki = private, öffentliche, kollektive, individuelle Akteure

Diese Notation reflektiert die weiter vorne diskutierte und entwickelte dreistellige Relation der Good Governance, und zwar mit dem Ziel (Tm), mit den Mechanismen $_{pö}$(IS, IF, FI, OKK) und mit den Akteuren $_{ki}$(IS, OKK). Staatliche Regelungen wie etwa Gesetze werden auf diese Weise als $FI_{ök}$ notiert, ein Wertemanagementsystem in einem Unternehmen als OKK_{pk}, ein staatliches bürokratisches Verfahren als $OKK_{ök}$, Unternehmenskulturen als $IF_{OKK,pk}$, Wirtschaftskulturen als $IF_{j,pöki}$, NGOs als $OKK_{pök}$ und so fort. Der Diskurs zwischen Greenpeace und Shell über die Einhaltung von Menschenrechten bei der Nutzung nigerianischer Ölfelder (Tm_i) nimmt, um ein Anwendungsbeispiel zu geben, jetzt folgende Gestalt an:

Abb. 5: Menschenrechte in Lieferantenbeziehungen

Tm_i	$IS_{i,j,pöki}$	$IF_{i,j,pöki}$ $IF_{i,j,pöki}$	$FI_{i,j,ök}$ $FI_{i,j,ök}$	$OKK_{i,j,pöki}$ $OKK_{i,j,pk}$
		j = Nigeria j = GB	j = Nigeria j = GB	j = NGO j = Shell
I	1	0 1	−1 0	1 1

i = Menschenrechte in Lieferantenbeziehungen

Mit dieser Spezifikation wäre festgehalten, dass die erfolgreiche Realisierung von Menschenrechten in Lieferantenbeziehungen in Nigeria erstens abhängt vom Engagement individueller und kollektiver Akteure, dass man zweitens kaum auf Unterstützung durch staatliche nigerianische Institutionen und Organisationen vertrauen sollte, sondern dass dies drittens das Ergebnis lokaler Zusammenarbeit von Organisationen sein wird, das sich auf formale und informale Institutionen der britischen Gesellschaft stützen kann. In dieser Schreibweise wird im Übrigen auch deutlich, dass die im Kapitel II eingeführten Governance-Matrizes sich als eine alternative Analyseform für Stakeholderbeziehungen eignen, deren theoretische Ausarbeitung allerdings noch entwickelt werden muss.

Auch für diese erweiterte Formulierung der Governanceethik gilt der Anspruch, dass sie vollständig und notwendig ist. Sie ist vollständig, weil es jenseits dieser Funktion keine weiteren Akteure und Mechanismen gibt, mit denen die moralische Dimension in gesellschaftlichen und wirtschaftlichen Transaktionen zur Geltung gebracht und realisiert werden können. Sie ist notwendig, weil die Akteure und Mechanismen zwar füreinander funktionale Äquivalente, aber keine funktionalen Substitute sein können. Sie existieren vielmehr immer im Modus der Wirksamkeit mit Bezug auf eine spezifische Transaktion, und zwar mit den Werten −1 (negative Wirkung), 0 (keine Wirkung) und 1 (positive Wirkung). IS = 0 heißt dann gerade nicht, dass individuelle Akteure mit ihren Tugenden nicht existieren, sondern nur, dass wir im Hinblick auf eine distinkte Transaktion von ihnen keine relevante Wirksamkeit erwarten. Hier greift ein Zusammenhang von selektiver Wirksamkeit auf lokaler Ebene und nicht substitutiver Wirksamkeit auf globaler Ebene, die sich ergibt aus der Autonomie der Moralsystems (Nichtsubstitutivität) und deren struktureller Kopplung mit dem Funktionssystem der Ökonomie (funktionale Äquivalenz), die wir im nun folgenden abschließenden Abschnitt über die Ethik der Governance in den tugendethischen Eigenschaften von Werten begründet finden.

IV.

Die Ethik der Governance ist, soviel kann jetzt gesagt werden, eine in der aristotelischen Tradition stehende Tugendethik, die auf moralische Werte, Haltungen und Charakter individueller und kollektiver Akteure und simultan auf die Strukturen ihrer Realisierung durch individuelles oder kollektives Handeln abstellt. Die moralische Dimension ökonomischer Transaktionen (Tm_i) interpretiert sie als moralische Güter und Moralgüter. Moralische Güter sind Tugendwerte, Grundwerte oder Menschenrechte, die, angekoppelt an ökonomische Güter und Dienstleistungen, mit diesen zusammen in Tausch- und Vertragsbeziehungen alloziiert werden. Die wort- und sinngemäße Einhaltung eines Vertrages geht dann mit der Zuweisung des Wertes „Ehrlichkeit" einher, wenn dieser Vertrag kostenlos gebrochen werden könnte. Die Zuweisung dieses Wertes verleiht dem Empfänger den Status sozialer Wertschätzung, Achtung und Anerkennung.[101] Wird die moralische Dimension eines ökonomischen Gutes oder einer Dienstleistung dominant, sprechen wir von Moralgütern, wie etwa Gesundheitsdienstleistungen oder Kernkraftwerke. Moralgüter werden nur dann zu marktfähigen Gütern, wenn sie gesellschaftliche Legitimation und Akzeptanz erlangen und dauerhaft sicherstellen können. Welche der beiden Varianten moralischer Güter vorliegt, wird mit der Spezifikation ᵢ der moralischen Dimension m der Transaktion T festgelegt.

Moralische Güter wie Werte und Rechte eines Akteurs und die Akzeptanz und Legitimität von Moralgütern haben einen Nutzen, einen ökonomischen Wert und sind knapp. Dass sie dennoch keine wirtschaftlichen Güter sind, sondern nur mit diesen gemeinsam zugewiesen werden können, liegt daran, dass sie keinen Preis haben und daher nicht marktfähig sind. Grundsätzlich folgt diese Formbestimmung aus dem Umstand,

---

[101] Vgl. für das Folgende die eingehende Erörterung in Wieland 1996: 214-225 sowie Kapitel 5 in diesem Buch. Ebenfalls hierzu Brennan/Petit 2004, die verhaltenstheoretisch argumentieren, aber im Wesentlichen zu den gleichen Ergebnissen gelangen. Searle 2005 zeigt die grundlegende Bedeutung der Statuszuweisung für die Institutionenbildung in modernen Gesellschaften.

dass Moral in einem direkten Sinne nicht getauscht werden kann. Weder existieren in einem ökonomischen Sinne daran Eigentumsrechte, die aufgegeben werden könnten, noch bildet sich ein Preis. Der Punkt für diesen zweiten Aspekt ist nicht, dass sie keinen Preis haben könnten, sondern dass sie einen Preis nicht haben sollen. Hier handelt es sich im Sinne Michael Walzers um einen „blocked exchange"[102], der auf dem Moralkonsens der Gesellschaft beruht, aber auch um die nichtökonomischen, und das heißt hier: die normativen Voraussetzung ökonomischer Funktionalität. Man kann Brennan/Petit nur zustimmen, wenn sie über ihre eigene Methodologie zur ökonomischen Diskussion des moralischen Gutes „Würde" feststellen:

„The fact that esteem is an evaluative attitude ... means that when we invoke the desire for esteem in rational explanation of what people do, ..., we are not going radical in the fashion of rational choice theories. We are not providing the sort of explanation that begins from an austere picture of human beings as centres of self-interest that operate out of society, without any normative expectations or evaluations of themselves or one another".[103]

Moralische Güter und Moralgüter basieren auf evaluierender Normativität, auf Werten und Wertschätzungen, die als „Auffassungen des Wünschenswerten"[104] handlungsleitende und handlungsorientierende Eigenschaften haben. In dieser auf Kooperation zugeschnittenen Form können Werte nicht als subjektive Präferenzen oder Privateigentum wirksam werden, sondern nur verbunden mit dem Anspruch auf Objektivität und allgemeine Verbindlichkeit.[105] Daher kann man sie nicht kaufen, sondern bekommt sie vom Anwender zugewiesen. Moralische Werte sind normativ; sie erheben Anspruch auf Allgemeingültigkeit und Verbindlichkeit innerhalb eines gegebenen sozialen Körpers. Es ist allerdings unklar und umstritten, woher Werte diese normative Kraft schöpfen.

In der philosophischen Tradition des alten Europas spielt der Wertebegriff keine zentrale Rolle, wird aber durch Vorstellungen über das „Gute", das „höchste Gut", das „gute Leben" und so weiter in die Gesell-

---

[102] Walzer 1983.

[103] Brennan/Petit 2004: 18.

[104] Werner 2002: 148.

[105] Vgl. für diese Unterscheidung die erhellenden Studien von Werner 2002.

schaft eingespeist. Naturrechtliche Begründungsstrategien liefern hier den normativen Geltungsanspruch. Erst die Wertephilosophie des 19. Jahrhunderts greift das Problem des normativen Charakters von Werten direkt auf und setzt dabei auf verschiedene Objektivierungsstrategien, die aber in der heutigen Philosophie auf kein Interesse mehr stoßen. Für unsere Diskussion ist jedoch interessant, dass die Wertephilosophie ihren Ausgangspunkt mit einer Kritik am Formalismus der Philosophie Kants nimmt, die die Governanceethik teilt: Es führt kein direkter Weg von Kant in die Gestaltung gesellschaftlicher Praxis.[106] Werte statt Maximenformeln sollten hier, so die Hoffnung der Werteethiker, weiterhelfen.

Die Institutionenökonomik modelliert Werte als informale Handlungsbeschränkungen[107], die sich evolutionär herausbilden und dann normativ stabilisieren, wenn sie eine positive Wirkung auf individuelle oder kollektive Wohlfahrt zeigen.

Die psychologische und soziologische Forschung erörtert die empirisch zu beobachtende objektive Geltung der Werte in einer gegebenen Gesellschaft unter dem Gesichtspunkt ihrer Habitualisierung.[108] Luhmann verweist auf den „implikativen Geltungsmodus"[109] von Werten, das heißt, Wertschätzungen operieren mittels der gesellschaftlichen Unterstellung, dass in Bezug auf sie Konsens herrscht. Daraus folgt die vielleicht etwas zugespitzte These: „Werte gelten also, das zeigt die Beobachtung der real laufenden Kommunikation, unbegründet."[110]

Man kann es weiteren Forschungsanstrengungen überlassen, ob diese Schlussfolgerung in jedem möglichen Sinne zutreffend ist. Erfrischend daran ist, wie immer bei Niklas Luhmann, die Provokation gegenüber den üblichen Begründungsbemühungen der philosophischen Hauptschulen. Für die ethische Qualität der Governanceethik sind aus meiner Sicht die folgenden Gesichtspunkte der hier nur knapp angedeuteten Wertediskussion entscheidend:

1. So wie der Begriff der Governance über seine dreistellige Relation „Ziel – Mechanismus – Akteur" einen expliziten moralischen Grundzug aufweist, so ist der Begriff der Werte anschlussfähig an weite Teile der

---

[106] Vgl. Scheler 1916/2005, S. 65 f.

[107] Exemplarisch North 1990: 35.

[108] Vgl. Berger/Luckmann 1972.

[109] Luhmann 1993, S. 19.

[110] Ebenda.

philosophischen Tradition und Gegenwart, allerdings vermutlich mit der Ausnahme des kantianischen Denkens. Werte sind ebenfalls ein Begriff struktureller Kopplung, der eine ökonomische und eine moralische und eine ganze Reihe anderer Bedeutungen annehmen kann.

2. Die Governanceethik interessiert sich aus diesem Grunde nicht allein für den Status und die Wirkungsweise von moralischen Werten in Kooperationsbeziehungen, sondern sieht diese in der Wechselwirkung mit nicht moralischen Werten, wie Leistungs-, Kommunikations- und Kooperationswerte. Die Simultanität ihrer Governance ist daher von entscheidendem Interesse und sowohl Voraussetzung als auch Konsequenz struktureller Kopplung.[111]

3. Konflikte innerhalb der moralischen Werte und zwischen den verschiedenen Wertetypen sind unvermeidlich. Nicht harmonische Perfektionszustände zwischen diesen Wertetypen sind das Charakteristikum sozialer Kooperation, sondern Zielkonflikte, die zugespitzt auch zu „tragic choices" und Dilemmata werden können. Diese Konflikte sind Folge des Umstandes, dass Gesellschaften sich zwar einigen auf die normative Relevanz von Werten, nicht aber auf deren transitive Ordnung.[112] Moralische Werte sind nicht immer ökonomischen Werten vorzuziehen, ökonomische Werte nicht immer moralischen und so weiter in allen möglichen Kombinationen. Was manche Diskussionsbeiträge zur Wirtschafts- und Unternehmensethik gelegentlich nicht sehen ist, dass dies kein Makel, sondern ein Vorteil der Governance in der Moderne ist. Nur so ist es überhaupt möglich, die Kopplung der Funktionssysteme und die Kooperation der sich darauf beziehenden Organisationen über solche lokalen und temporären transitiven Werteordnungen herzustellen, an die sich mit neuen und anderen Lösungen anschließen lässt. Ein durchgesetzter „Primat der Ethik" oder „Primat der Ökonomie" aber würde moderne Gesellschaften zerstören, die ihre wertegesteuerte Integration nur fragmentiert und temporalisiert herstellen können.

4. Die Betonung des lokalen Charakters wertegetriebener Entscheidungen durch die Governanceethik und das Wahl- und Entscheidungsproblem der Governancefunktion reflektieren diese Theorielage. Verschiedene Werte können und müssen lokal in Konflikt geraten, aber global schließen sie einander gerade nicht aus, sind nicht substituierbar und

---

[111] Vgl. zu diesem Phänomen in der Wissensgovernance Wieland 2004a.
[112] Vgl. Luhmann, a.a.O., S. 20.

bleiben in ihrem Gesamt als Orientierung für soziale Wertschätzung und Achtung in Geltung. Werte entwerten Werte nicht – gerade das ist die Aussage der Vollständigkeits- und Notwendigkeitsannahme der Governanceethik.

5. Philosophische Diskurse und Dialoge, die in anderen theoretischen Architekturen der Wirtschafts- und Unternehmensethik wegen ihrer normativen Kraft als dominant ausgeflaggt werden, sind im Rahmen der Governanceethik Element des lokal wirkenden Governancemechanismus IF. Mit anderen Worten: Sie gehören zu den legitimierenden Wissensbeständen einer Gesellschaft. Sie begründen nicht umfassend und grundlegend Entscheidungen und Lösungsstrukturen hinsichtlich Tm, sondern legitimieren sie moralisch – oder eben nicht. In diesem Sinne sind sie konstitutiv für die Normativität der Governance, aber nicht für die lokale Lösung Tm. Im guten Fall tragen sie durch moralische Legitimität zum Konsens der Beteiligten hinsichtlich einer wünschenswerten Lösung bei. Im schlechten Fall hält mit ihnen der polemogene Charakter moralischer Kommunikation Einzug in den Diskurs der Beteiligten und zerstört diesen. Dies sei kurz am Beispiel der Stakeholderdialoge über die Folgen des Ausbaus von Flughäfen oder die Eindämmung der negativen externen Effekte von Zigaretten illustriert. Flughäfen und Rauchwaren sind Moralgüter; beide benötigen zu ihrer Existenz gesellschaftliche Akzeptanz und Legitimität. Darauf bezogene Dialoge oder Diskurse schaffen Akzeptanz und Legitimität nicht durch einen gelungenen Konsens in deren Begründung als moralisch zulässige Wirtschaftsgüter, sondern durch einen fairen Interessenausgleich im Hinblick auf die sozialen Folgen dieser Einrichtungen und Suchtmittel zwischen den Beteiligten. Wollte man hingegen einen Begründungskonsens der oben erwähnten Art erreichen (Sind Flughäfen/Rauchwaren grundsätzlich gut oder schlecht?), so würden diese Dialoge und Diskurse nicht nur unausweichlich scheitern, sondern ein eindrucksvolles Exempel für den Streit stiftenden Charakter moralischer Diskurse liefern.

Wertegesteuerte Entscheidungen sind aus der Sicht der Governanceethik lokal unbegründet in genau dem Sinne, dass unterschiedliche und gelegentlich auch willkürliche Entscheidungen (etwa in tragic choices und Dilemmata) immer möglich sind. Unsicherheit und Unwissenheit sind grundlegende Annahmen der Governanceethik; hier werden sie dominant. Diese Kontingenz lokaler moralischer Entscheidungen stellt die globale normative Geltung von Werten nicht in Frage. Der Kontext, die lokale Situation dominiert das Ergebnis des Entscheidungsprozesse, nicht aber dessen normatives „framing". Dass dieses „framing" auch begründbar ist, unterstellt die Governanceethik. Was sie kritisch sieht, ist die Idee, dass diese Begründungsleistung mit den herkömmlichen Universalisierungs- und Verallgemeinerungsstrategien, seien sie nun ethischer oder ökonomischer Natur, so erreicht werden kann, dass alle anderen Begründungsoptionen damit ausgeschlossen wären. In gewisser Weise wiederholt sich damit der Wertekonflikt auf der lokalen Ebene als Begründungskonflikt auf der globalen Ebene. Es gibt viele gleichermaßen gültige Ansätze der Begründung von Ethik, und dies ist eine der Ursachen für die nur schwach motivierende Kraft rationaler Begründungsdiskurse für moralisches Handeln.

Gesinnungsethiker mögen an diesen Aussichten verzweifeln; aus der Sicht der Governanceethik liefert die Akzeptanz dieser Zusammenhänge die einzig erfolgreiche Strategie, moralische Kommunikation für die individuellen und kollektiven Akteure funktional differenzierter Gesellschaften verfügbar und erreichbar zu halten.

IV. Kapitel
Die Tugend der Governance

I.

In diesem Kapitel möchte ich vertiefend erörtern, warum und in welcher Weise die Governanceethik eine starke Form der Tugendethik ist. Es geht darum zu zeigen, dass der Zusammenhang von moralischer Haltung mit der Entwicklung der Fähigkeit individueller und kollektiver Akteure, diese Haltung auch durch Handeln zu realisieren, den Kern der tugendethischen Qualität von Governance ausmacht.

Reine Tugendethik, also moralische Akteure in einem Institutions- und Organisationsvakuum, ist aus der Sicht der Governanceethik ein theoretischer Grenzfall (b–d = 0), dem nur geringe gesellschaftliche Relevanz zukommt. Aristoteles Bemerkung, dass solche Menschen entweder Götter oder Tiere seien[113], ist auch heute noch zutreffend. Ethik und Moral sind gesellschaftliche Phänomene und daher immer eingebettet in Institutionen oder Organisationen. Reine Tugendethik in einer moralisch bösartigen Umwelt (b–d = –1) ist ebenfalls ein solcher Grenzfall, weil sie eine Überforderung des Individuums darstellt, der keine systematische Moral fördernde Wirkung zugetraut werden kann. Erneut in einer formalen Schreibweise als Koeffizientenmatrix notiert, ergibt sich folgende Notierung für tugendethische Grenzfälle:

Abb. 6: Koeffizientenmatrix der Tugendethik

	IS_i a =	FI_{ij} b =	IF_{ij} c =	OKK_i d =
Tugendethik	1	–1, 0	–1, 0	–1, 0

---

[113] Pol. 1253a 5.

Die lang zurückgreifende und weltumspannend existierende Tradition der Tugendethik ist mit dem Argument IS notwendiger Bestandteil jeder umfassenden Governancestruktur. In dieser theoretischen Perspektive lässt sie sich interpretieren als Bereitschaft (Motivationsaspekt) und Fähigkeit (Ressourcenaspekt) eines individuellen oder kollektiven Akteurs, moralische Werte in seinem Handeln und Verhalten vortrefflich (best practice) zu verwirklichen. Die Governanceethik teilt die Auffassung der griechischen Tradition, dass Ethik nicht um der theoretischen Erörterungen willen betrieben wird, sondern in Bezug und im Hinblick auf eine wohlgeordnete menschliche Praxis. Auch teilt sie deren Überzeugung, dass individuelle Tugend zu ihrer Generierung und Realisierung stets eines institutionellen und organisationellen Rahmens bedarf. So wie für Platon und Aristoteles die informalen (Brauch, Sitte) und formalen Institutionen (Recht) und die Organisationen der Polis (Staat, Hauswirtschaft) die Voraussetzungen jeder praxisrelevanten Tugendethik (IS) waren, so formuliert die Governanceethik genau diesen Zusammenhang als Funktion eines distinkten Governanceregimes.

II.

Die in dieser Weise aufgespannte Problemstellung möchte ich nun am Beispiel der Glaubwürdigkeit und Wahrhaftigkeit tugendethischen Argumentierens und Versprechens in der Wirtschaft abhandeln. Denn es scheint ja so zu sein, dass sich an diesen beiden Aspekten die tief liegende Skepsis der Gesellschaft gegenüber der Behauptung, es gäbe eine Ethik der und in der Wirtschaft, zum Ausdruck bringt. Zunächst möchte ich Glaubwürdigkeit als einen Wert verstehen, dessen Funktion es ist, soziales Handeln zu orientieren und der kritischen Reflexion zugänglich zu machen. Hier scheint ja auch der Konsens im philosophischen Gebrauch des Begriffs „Werte" zu liegen. Allerdings ist es im Hinblick auf beide Aufgabenstellungen – Orientierung und Reflexion – von entscheidender Bedeutung, die jedem Wert innewohnende Unschärfe in die Betrachtung einzubeziehen. Die Eigenschaft der Unschärfe von Werten besagt, dass mit ihnen ein Sachverhalt kommunizierbar wird, der allen Akteuren dem Grunde und der Bedeutung nach verständlich ist, aber dessen konkretes Meinen eines lokalen Kontexts bedarf. Mit anderen Worten: Werte verfügen auf einer globalen Ebene über ein gemeinsam Gemeintes, aber ihre präzise Definition vollzieht sich erst im Kontext einer lokalen Situation.

So ist es möglich, Glaubwürdigkeit zu verstehen als „immer und ohne Ausnahme wahrhaftig zu sein". In diesem Fall würde zunächst einmal die Situation definiert als „immer und ohne Ausnahme", und die Definition der Glaubwürdigkeit würde durch die Einspielung eines neuen Begriffs, nämlich „Wahrhaftigkeit", geliefert. Während die Situationsbeschreibung in diesem Fall präzise und umfassend ist, ist der definitorische Begriff der Glaubwürdigkeit und Wahrhaftigkeit selbst unscharf. Denn Wahrhaftigkeit ist ein Wert, der selbst dann, wenn er an den Begriff der Wahrheit geknüpft wird, unsicher und unvollständig bleibt.

Andere Formen der Situationsdefinition für glaubwürdiges Reden und Verhalten könnten sein, „wenn man einen Nutzen daraus zieht" oder „wenn es ohne prohibitive Selbstschädigung möglich ist". Vor allem ökonomisch geschulte Denker würden in dieser Weise konditionierte Aussagen für glaubwürdiger halten, also etwa die, dass Menschen „immer und ohne Ausnahme" wahrhaftig seien oder sein sollten. In diesen beiden Fällen ist also „immer und ohne Ausnahme" durch einschränkende Spezifikationen ersetzt, die die Bedeutung des Begriffs Glaubwürdigkeit erheblich ändern. „Immer und ohne Ausnahme" würde jetzt allenfalls als Form einer normativen Vorschrift verstanden werden können, während die beiden anderen Varianten entweder normativ oder deskriptiv interpretierbar sind. In allen drei Beispielen wird der Begriff der Glaubwürdigkeit jedoch definiert durch einen zweiten Wert (Wahrhaftigkeit) plus eine Angabe über den Handlungskontext.

Diese Kombination von begrifflicher Unschärfe und Kontextabhängigkeit – hier am Beispiel der Glaubwürdigkeit als Wahrhaftigkeit – ist allerdings kein Nachteil von Werten, sondern die Bedingung der Möglichkeit ihrer Anwendungsfähigkeit in sozialen Kooperationen. Es zeigt sich daran die Notwendigkeit, die Diskussion der Glaubwürdigkeit genau mit Blick auf diese Zusammenhänge zu führen. Das heißt, ohne Arbeit am Begriff, ohne Präzisierung des begrifflich Gemeinten und ohne Erörterung und Strukturierung des Wirkungskontexts kann eine empirisch signifikante Erörterung von moralischen Werten nicht gelingen. Dieses soll im Folgenden mit Bezug auf den Wert der Glaubwürdigkeit in Angriff genommen werden.

Glaubwürdigkeit ist ein relationaler Begriff, der sich stets auf eine Aussage oder ein Handeln bezieht. So gehört es zu den Standardübungen

in gewissen Strömungen der Wirtschafts- und Unternehmensethik, die
Frage aufzuwerfen, ob das moralische Engagement von Unternehmen
glaubwürdig sei oder ob hier nicht vielmehr blankes Eigeninteresse die
dahinter liegende Triebkraft sei. In dieser Überlegung wird auf Motive
abgestellt – unwahre, nur vorgetäuschte und wahre, ehrlich gemeinte. Die
Differenz „glaubwürdig/unglaubwürdig" wird hier, wie auch in allen
anderen Fällen, von Akteuren auf Akteure zugewiesen, ist also ein Element sozialer Kooperation. Der Akt der Zuweisung kann sich aus verschiedenen Quellen speisen, in unserem Beispiel etwa aus dem theoretischen Konzept, dass Ethik motivational mit Eigeninteresse nicht oder nur
schwer vereinbar sei oder dass die Bewertung moralischer Handlungen
durch Aufdeckung motivationaler Tiefenstrukturen zu geschehen habe.
Neben den theoretischen Konzepten spielen weiterhin Faktoren wie Evidenz der Handlung oder des Motivs und deren Evaluierungsmöglichkeit
eine wichtige Rolle. In dem hier genutzten Beispiel wird dann die Luft
dünn, da Evidenz und Evaluierung von tugendhaften Motiven oder Ge-
sinnungen weder für den Akteur selbst noch für seine Kooperationspartner zugänglich sind. Wer sich selbst tugendhafte Motive zurechnet, wird
kaum mit Glaubwürdigkeit rechnen können, und gegenüber Koopera-
tionspartnern dies zu dokumentieren, ist nicht leicht.[114]

Die Evidenz und Evaluierbarkeit von tugendethischen Ansprüchen
eines Akteurs selbst werden von der vorgängigen Zuweisung von Glaubwürdigkeit auf diesen durch seine Interaktionspartner abhängen, denn
Reden und Handeln in sozialen Kooperationen sind von Ambiguität, personaler und situationaler Unsicherheit und unvollständigen Informationen gekennzeichnete Sachverhalte. Genau an dieser Stelle lässt sich dann
der Begriff der Glaubwürdigkeit an den des Vertrauens andocken.[115] Man
vertraut dann darauf, dass jemand glaubwürdig ist, weil man Erfahrung
mit ihm hat. Das Prädikat „glaubwürdig" setzt allerdings die Ambiguität,
personale und situationale Unsicherheit und Unvollständigkeit von In-
formationslagen in sozialen Handlungskontexten als letztlich unaufheb-
bar voraus. Klare Fakten und eindeutige Evidenzen sprechen ihre eigene
Sprache und bedürfen nicht der zusätzlichen Bewertung, dass man einen
Akteur für „würdig" hält, seinem Reden und Handeln zu „glauben".
Beide Aspekte des Begriffs, sowohl der des Glaubens als auch der der

---

[114] Vgl. Brennan/Pettit 2004: 34 ff.

[115] Vgl. hierzu Wieland 1996, S. 146 und Grüninger 2001.

Würde, zeigen an, dass im Begriff der Glaubwürdigkeit eine unaufhebbare Erwartungsunsicherheit und Informationsasymmetrie des Prädikatszuweisers mitschwingt, deren Ignorierung und Abdunklung durch den Zuweiser der Empfänger sich als würdig erweisen muss. Letzteres kann durch redundante praktische Bestätigung seiner Zuverlässigkeit von Seiten des Empfängers und/oder durch Übereinstimmung der Situationswahrnehmung von Zuweisern und Empfängern getriggert werden.

Wir halten als Ergebnis der Diskussion in diesem Abschnitt fest, dass Glaubwürdigkeit kein Zustand ist, für den man sich entscheiden kann oder nicht, sondern das Ergebnis eines Kooperationsprozesses, in dessen Verlauf sich eine positive Erwartung über die Wahrhaftigkeit einer Aussage oder die Validität eines Handlungsversprechens bildet. Wir halten weiterhin fest, dass die Glaubwürdigkeit selbst keine genuin moralische Kategorie und auch keine Tugend ist. Einerseits: Unter vollständig moralischen Menschen ist die Glaubwürdigkeit ihrer Versprechen kein Problem. Andererseits: In einer Gemeinschaft von professionellen Killern kann das Versprechen, dass von zehn Schüssen neun direkt tödlich sein werden, für glaubwürdig gehalten werden. Ich habe diese Zusammenhänge an anderer Stelle ausführlicher erörtert. Glaubwürdigkeit ist ein zugewiesener Status[116], der sich auf moralisch bewertete Sachverhalte beziehen kann oder auch nicht. Die moralische Dimension des Statusbegriffs „Glaubwürdigkeit" wird erst durch Tugenden wie „Wahrhaftigkeit" oder die vertragsethische Maxime „Versprechen sind zu halten" aktiviert.

III.

Aussagen über die Tugend als Wahrhaftigkeit eines Akteurs sind grundlegend für die Bewertung seiner sozialen Glaubwürdigkeit. Sie stehen in einem engen und problematischen Verhältnis zu Wahrheitskonzeptionen.[117] Es existiert weder in der Philosophie noch in den Wissenschaften ein allgemein anerkanntes Konzept der Wahrheit. Positivismus, Falsifikationismus und Konstruktivismus sind sich zwar darin einig, dass

---

[116] Vgl. zu dem darin liegendem Verhältnis zwischen Statusgütern und moralischen Gütern Wieland 1996, S. 144-181 sowie das nächste Kapitel.

[117] Vgl. hierzu die erhellende Untersuchung von Williams 2002, von der meine Überlegungen in diesem Abschnitt geprägt sind.

Wahrheit eine Eigenschaft von Aussagesystemen ist, differieren aber hinsichtlich des Grades oder der Möglichkeit einer Übereinstimmung von Annahmen und Sätzen mit davon unabhängigen Tatsachen. Wenn sich daher Wahrheit auf die Relation „Aussagesystem/Tatsachen" bezieht, so ist dies mit Blick auf die Wahrhaftigkeit nicht der Fall. Wahrhaftigkeit ist eine Eigenschaft von Handelnden, die – so Bernard Williams – auf die Übereinstimmung von Überzeugungen und Aussagen der Handelnden abstellt.

Analog zur Glaubwürdigkeit kann man sich nicht für den Zustand der Wahrhaftigkeit entscheiden, sondern es handelt sich eher um ein aufrichtiges und dauerhaftes Streben nach Wahrheit. Williams interpretiert Wahrhaftigkeit als eine Tugend, die auf einer diskreten Motivation beruht[118], weil sie mehr sein soll als eine Präferenz für verlässliche Informationen. „Accuracy" bei der Sammlung und Prüfung von Daten und „sincerity" bei der Bewertung dieser Daten sind für ihn intrinsisch verankerte Tugenden, die auf „mutual respect" in sozialen Beziehungen und „the capacity for shame"[119] als anthropologische Grundhaltungen des Menschen verweisen. Die Tugenden der Genauigkeit (accuracy) und Aufrichtigkeit (sincerity) führen allerdings auch nicht unter der Randbedingung von Respekt und Scham umstandslos zur Wahrheit. Sie ermutigen, so Williams, die Akteure nur dazu, Ressourcen (Zeit, Energie, Opportunitätskosten) als „investigative investment"[120] gegen die „external obstacles to truth" und „worlds being resistant to our will"[121] einzusetzen. Individuelle Tugenden sollten nach Williams verstanden werden als eine Neigung und als ein intrapersonales Ermutigungssystem, nämlich als eine Neigung zu Sorgfalt und Zuverlässigkeit (für die Tugend der Genauigkeit) und als eine Neigung zu ehrbarem und Schande vermeidendem Verhalten (für die Tugend der Aufrichtigkeit). Tugenden wären demnach eine Weise, mit der Ambiguität, Unsicherheit und Unvollständigkeit von Welt umzugehen. Nicht um diese aufzuheben, sondern um zu einer besseren Beurteilungslage für die Vergabe des Prädikats „wahrhaftig" zu gelangen. Damit ist klar: Die Effektivität und die Methoden der Datenerhebung eines Akteurs sind für die Evaluierung seiner

---

[118] Vgl. Williams 2002, S. 124.

[119] Ebenda, 121.

[120] Ebenda, 87.

[121] Ebenda, 125.

moralischer Ansprüche genauso von zentraler Bedeutung wie seine allgemein anerkannte Neigung zu tugendhaftem Verhalten. Dies gilt sowohl für individuelle als auch für kollektive Akteure. Williams bemerkt in diesem Zusammenhang:

> „I have expressed this (accuracy, sincerity, d.A.) in terms of individuals' virtues, but this is too simple. There are collective enterprises which not only bring together the virtues of various individuals but which display collective virtues, the virtues of a team or group that share a certain culture of outlook." [122]

Die Governanceethik teilt diese Überlegungen zur Beschaffenheit und Funktion von Tugenden kollektiver Akteure. Ich werde darauf im vorletzten Kapitel dieses Buches ausführlicher eingehen. Sie bindet die Tugenden sozialer Akteure an a) die Bereitschaft und b) die Fähigkeit zur Verwirklichung moralischer Werte durch angemessene Handlungen, weil es von der Existenz beider Faktoren abhängt, ob Tugenden vortreffliche Handlungen im Sinne einer best practice überhaupt starten können. Motivation und Gesinnung sind grundlegend bedeutsam, führen aber ohne Fähigkeiten, Ressourcen und Kompetenzen nicht weit. Die Ermöglichungs- und Beschränkungsfunktion von Moral bedarf zu ihrer Realisierung der Motivation (Bereitschaft) und der Fähigkeit von Akteuren, moralisch zu handeln. Es ist dann auch der Zugewinn an Bereitschaft und Fähigkeit zur Tugend, der den Perspektivenwechsel der Moderne von individuellen zu kollektiven Akteuren mit Notwendigkeit markiert. Denn die Konstituierung kollektiver moralischer Akteure verdankt sich aus der Sicht der Governanceethik einem Mangel an ökonomischer und moralischer Effizienz und Effektivität der individuellen Tugenden in funktional differenzierten Gesellschaften. [123] Damit aber ist tendenziell die kommunikative Zuführung von Moral in diesen Gesellschaften in Frage gestellt; letztlich ein bestandsgefährdendes Risiko. Zwar können solche Gesellschaften auf funktionale Äquivalente wie Ökonomie oder Recht umstellen, aber nicht dauerhaft. Manche Zeitgenossen sehen in diesen Umstellungsbemühungen eine beklagenswerte Ökonomisierung (typisch: NGO) oder Verrechtlichung (typisch: Unternehmen) der Gesellschaft. In Wahrheit vollzieht sich ein Prozess der Erodierung der Moral als eine leben-

---

[122] Ebenda, 127.
[123] Vgl. hierzu Wieland 2001d, S. 31.

dige und wirksame Stimme im Chor der diversen Sprachspiele dieser Gesellschaft.

Dies begründet erstens die Notwendigkeit der institutionellen und organisationellen Stützung individueller Tugenden, zweitens die Verlagerung moralischer Ansprüche auf kollektive Akteure, die über ein superiores Realisierungspotential verfügen können, und drittens die entscheidungstheoretische Erweiterung moralischer Urteilskraft um die Frage, welcher der gesellschaftlich verfügbaren moralischen Handlungsträger (Individuen, Organisationen) mit der Realisierung der moralischen Anliegen einer Gesellschaft betraut werden sollte. Genau diese Entwicklungen drücken sich in der funktionalen Zusammenfassung der Governanceethik aus. Auf diese Weise lässt sich insbesondere die bedeutende Rolle von Organisationen, etwa Unternehmen und nicht Unternehmer, als Akteure der Wirtschafts- und Unternehmensethik erklären.

Damit aber wird die Frage der Ethik nach dem richtigen und gerechten Handeln in den Kontext gelingender, weil institutionell und organisationell gestützter gesellschaftlicher Kooperation gestellt. Hier treffen wir erneut auf die im vorangegangenen Kapitel entwickelte Auffassung einer immanenten „moralischen" Qualität von Governancestrukturen. Glaubwürdigkeit im Sinne eines kontextual konditionierten Strebens nach Wahrhaftigkeit ist dann nicht mehr als eine Eigenleistung des Handelnden oder Diskursteilnehmers zu verstehen, sondern bedarf der Bestätigung und Anerkennung des Zusammenhangs von Glaubwürdigkeit und Wahrhaftigkeit durch den Kooperationspartner. Genau dieser Prozess ist es, der Achtung über die Statusgüter Vertrauen (auf Genauigkeit und Aufrichtigkeit des Akteurs) und Glaubwürdigkeit (bezüglich Authentizität und Identität des Akteurs) auf einen Akteur zuweist und das moralische Gut der Wahrhaftigkeit als Übereinstimmung von Überzeugungen und Aussagen des Akteurs konstituiert. Dieser komplexe Prozess der Generierung von Glaubwürdigkeit, dessen Gelingen wertegesteuert ist, vermag sich in verschiedenen Governanceregimes auszudrücken. Während „Genauigkeit" und „Aufrichtigkeit" moralische Eigenleistungen eines wahrhaftigen individuellen oder kollektiven Akteurs sind, die auf Selbstbindung beruhen ($IS_{pöki} = 1$), werden „Vertrauen" und „Glaubwürdigkeit" sozial zugerechnet und unterwerfen damit den handelnden Akteur einer Fremdbindung auf seine Tugenden. Auf diese Weise, durch die wertegesteuerte Kombination und rekursive Vernetzung von Selbst- und Fremdbindung, lösen Wirtschaft und Gesellschaft der Moderne das

Grundproblem jeglicher Kooperation, nämlich die Schaffung und Kommunikation von wechselseitiger moralischer Erwartungssicherheit der involvierten Partner. Der soeben erwähnte Erodierungsprozess individualistischer Moralkonzepte in der Moderne ist daher alles andere als trivial in seinen Konsequenzen. Das 20. Jahrhundert startete mit dem Versuch, durch die Umstellung auf politische Rahmenordnung für ein funktionales Äquivalent zu sorgen. Aber gegen Ende dieses Jahrhunderts wurde durch die Prozesse der Globalisierung klar, dass dies nicht die einzige Lösung für moderne Gesellschaften sein kann. Die Theorie der Governanceethik zieht aus dieser Sachlage die Konsequenzen mit ihrem Theoriedesign, das die gelingende Simultanität der Governancestrukturen einer Steuerungsmatrix für moralgebundene Transaktionen zur Lösung des Integrationsproblems moderner Gesellschaften in den Mittelpunkt stellt.

Die Erörterung der tugendethischen Perspektive in diesem Abschnitt lässt sich dahingehend zusammenfassen, dass das Statusgut „Glaubwürdigkeit" nur über das Andocken an „Wahrhaftigkeit" eine moralische Dimension erhält. Hinzu treten aber muss der Status der „Professionalität", nämlich die Genauigkeit und Zuverlässigkeit der erhobenen Daten, die die Grundlage für eine Aussage zur Glaubwürdigkeit eines sozialen Akteurs bilden. Es ist gerade der Zusammenhang von Glaubwürdigkeit – Wahrhaftigkeit – Professionalität, welcher eine fruchtbare Erörterung der Glaubwürdigkeit ermöglicht. Jemanden, dem man zwar ein Streben nach Wahrhaftigkeit zubilligt, aber die Professionalität abspricht, auch die notwendigen Ressourcen zu mobilisieren, wird man kaum für glaubwürdig halten. Jemanden, dem man zwar die Professionalität seiner Ressourcenorganisation gegen die „external obstacles to truth" zubilligt, nicht aber den Willen zur Wahrhaftigkeit, ebenfalls nicht.

IV.

In der Institutionen- und Vertragsethik kommt dem Statuswert „Glaubwürdigkeit" eine zentrale Rolle zu. Der Problemaufriss geht hier auf Hobbes zurück, der die zeitliche Entkopplung eines Vertragsversprechens von dessen Erfüllung als konstituierendes Problem moderner Gesellschaften ausmachte, die für ihn nicht auf Freundschaft und Zugehörigkeit, sondern auf Vertrag basierten. „Abgeschlossene Verträge sind zu halten!"[124] ist daher der Kernsatz seiner Ethik. Da Hobbes aber die tugendethische Kraft des individuellen Versprechens als ein gar zu dünnes Band einschätzte, um dieses auch einzuhalten, setzte er in seiner Gesellschaftstheorie auf third party enforcement, organisiert durch den Staat, den Leviathan. Für Hobbes konnte nur dem Staat, die „zu einer Person vereinte Menge"[125], glaubwürdig die neutrale Erzwingung von Vertragsversprechen und regelkonformem Verhalten zugetraut werden. Die gesellschaftliche Relevanz dieser Hobbes'schen Problemstellung hat in der Folge eher zu- als abgenommen. Zwar ist es nicht mehr der Staat allein, dem heute ein third party enforcement zugetraut wird, aber immer noch scheint es so zu sein, dass ohne einen starken Staat nur schwache Bürgergesellschaften möglich sind. Es ist gerade die Entwicklung hin zu einer global vernetzten Welt, von kollektiven zu individuellen Lebensentwürfen, von lokalen zu globalen Austauschbeziehungen, die die Erwartungssicherheit als zu lösendes Problem sozialer Kooperation mit vermehrter Bedeutung ausgestattet hat. In diesen strukturellen Zusammenhängen liegt daher auch der Treibsatz für die heute breit geführte Diskussion über Kategorien wie Vertrauen, Reputation und Glaubwürdigkeit als Bedingung gelingender wirtschaftlicher Transaktionen.

Es waren daher auch die Sozialwissenschaften und hier vor allem die Ökonomen[126], die die Erörterung der Glaubwürdigkeit sozialer Akteure auf ihre Forschungsagenda setzten. Im Mittelpunkt dieser Diskussion stand und steht auch heute noch der Aspekt des „credible commitments", also von glaubwürdigen Zu- und Versicherungen über die Präferenzen und Handlungsabsichten eines sozialen Akteurs im Austausch mit anderen sozialen Akteuren. Aus der Sicht der Governanceethik kommen im Hinblick auf credible commitments grundsätzlich Selbstbindungs- und Fremdbindungsmechanismen in Frage. Diese beziehen sich auf alle Funktionsargumente der Governanceethik, die wir im folgenden Schaubild abgetragen haben.

---

[124] Hobbes 1651/1914, S. 110.
[125] Ebenda.
[126] Buchanan 1994; North 1981, 1990; Williamson 1985.

Abb. 7: Credible commitments durch Selbst- und Fremdbindung

Akteure		Institutionen	
individuelle	Kollektive	formelle	informelle
Selbstbindung		**Fremdbindung**	
IS	OKK	FI	IF
Tugend	Verhaltensstandard	Gesetze	Kulturstandards
Religiosität	Integritäts-	Verfahren	Moralische
Überzeugungen	management		Empörung

Dem Schaubild entnehmen wir, dass Selbst- oder Fremdbindungsmechanismen sich sowohl auf Akteure und Institutionen und hierbei wiederum differenziert auf individuelle und kollektive Akteure und formale und informale Institutionen beziehen können. So können internalisierte moralische oder religiöse Überzeugungen glaubwürdige Selbstbindungsstrategien sein (IS), deren Erzwingung aber gelegentlich der Fremdbindung durch moralische Empörung (IF) oder Organisationszugehörigkeit (OKK) bedarf. Erzwingbare Spielregeln (FI) sind hingegen eine glaubwürdige Fremdbindungsstrategie für individuelle und kollektive Akteure, die aber ebenfalls nicht ohne Ergänzung durch persönliche Integrität (IS), kulturelle Standards (IF) oder potentielle Gewaltandrohung (OKK) auskommen. Ich habe bereits darauf hingewiesen, dass die Simultanität von Selbst- und Fremdbindung entscheidend für die Effizienz und Effektivität der Governancestrukturen der Moral ist.

Wir können zusätzlich festhalten, dass systematisch gesehen Art und Umfang der Glaubwürdigkeit abhängen von der Art des Akteurs (individuell/kollektiv) und von der Effizienz und Effektivität der auf Selbstbindung oder Fremdbindung basierenden formalen und informalen Institutionen. Dies bringt das folgende Schaubild 8 zum Ausdruck.

Abb. 8: Governance der Glaubwürdigkeit

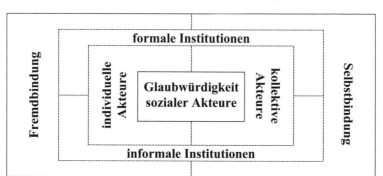

Wir wollen die Ordnung des Schaubilds 8 für eine detaillierte Erkundung von Glaubwürdigkeitsbedingungen nutzen.

a) Akteure: Die Alltagserfahrung lehrt, dass wir unterschiedlichen Akteuren auf unterschiedlichen Gebieten die Glaubwürdigkeit ihrer Kommunikation und ihres Handelns zubilligen oder eben auch nicht. Die Effektivitäts- und Effizienzansprüche von Unternehmen (kollektive Akteure) genießen eine hohe Glaubwürdigkeit, während ihre moralischen Ansprüche mit Skepsis aufgenommen werden. Individuellen Akteuren hingegen billigen wir moralische Empathie nicht selten als anthropologische Konstante zu, während wir ihre instrumentellen Fertigkeiten, diese auch zu realisieren, in relativ engen Grenzen sehen. Wenn wir diese deskriptive Ebene verlassen und die Faktoren analysieren, die die Glaubwürdigkeit eines credible commitments auf der Akteursebene steuern, dann lassen sich im Wesentlichen drei Faktoren ausmachen:

– Präferenzen

– Fähigkeiten

– Möglichkeiten

Der Faktor „Präferenz" hält fest, dass ein Handlungsversprechen oder die Aussage eines Akteurs nur dann glaubwürdig ist, wenn dessen Willen oder Neigung, dieses Versprechen einzuhalten, außer Zweifel steht. Hinzu kommen muss die Fähigkeit, das Versprechen oder das Behauptete auch wirklich zu tun und zu realisieren. Allerdings ist auch dies nicht ausreichend, da die Frage beantwortet werden muss, ob sich in der Um-

welt dieses Akteurs keine für ihn unüberwindbaren Hindernisse zur Erfüllung und Realisierung der gegebenen Versprechen und Aussagen befinden. Subjektives Wollen und Können plus objektives Können konstituieren daher Glaubwürdigkeit auf der Akteursebene. So stoßen die moralischen Aktivitäten von Unternehmen auf Skepsis, wenn alle soeben
genannten drei Faktoren oder einzelne von ihnen negativ bewertet werden. So kann man dem Unternehmen den Willen zur Moralität mit dem
Hinweis auf das Profitmotiv absprechen; man kann auch bezweifeln, dass
Unternehmen mit diesem Zuwachs an moralisch gesteuerter Komplexität
ihrer Entscheidungen überhaupt auf einer Managementebene umgehen
können; und schließlich kann man mit dem Hinweis auf Konsumenten
und Wettbewerb argumentieren, dass – selbst wenn Unternehmen wollten
und subjektiv könnten – moralisches Verhalten objektiv durch Marktpa-
rameter ausgeschlossen ist. Dieser Punkt wurde bekanntlich von Karl
Marx stark gemacht. Mangelnde Präferenzen, Fähigkeiten oder Möglichkeiten bilden bis auf den heutigen Tag die Basis der Verweigerung der
Zurechnung moralischer Glaubwürdigkeit auf unternehmerisches Handeln, sowohl innerhalb der Wirtschaft als auch bei ihren Kritikern.

Die kommunikativ subtile und professionelle Bearbeitung der Gesichtspunkte Präferenz, Fähigkeit und Möglichkeit ist aus dieser Sicht
entscheidend für Unternehmen, die sich eine glaubwürdige Reputation
für Moralität aufbauen wollen.[127] Grundsätzlich gilt dieser Zusammenhang jedoch für alle individuellen und kollektiven Akteure und für alle
Felder sozialer Kooperation. So auch für NGOs, die häufig über starke
Präferenzen, aber nur geringe Fähigkeiten und Möglichkeiten verfügen,
was ihren prekären Status als moralisch ambitionierte Akteure erklärt.

b) Formelle und informelle Institutionen: Wir haben bereits ausge-
führt, dass es die institutionelle Ausstattung einer Gesellschaft oder einer
distinkten Transaktion ist, die das erreichbare Glaubwürdigkeitsniveau
für den Glaubwürdigkeitsgeber und den Glaubwürdigkeitsnehmer bestimmt. Eine nicht oder nur schwach entwickelte Arbeitsmoral (IF), nicht
vorhandene oder unangemessene Gesetze (FI) und die fehlende Möglichkeit, diese zu erzwingen (OKK eines kollektiven Akteurs), lassen die
Behauptung eines Staatsoberhauptes, eine Investition in seinem Staat sei
lohnend, als wenig glaubwürdig erscheinen. Glaubwürdigkeit ist, und
diese Einsicht ist zentral, eine Funktion der gelingenden Simultanität der

[127] Vgl. hierzu Behrent 2003, 2004.

darauf bezogenen Governancestrukturen moralischer Wahrhaftigkeit.
Auch hier lassen sich drei Faktorgattungen unterscheiden:

1. Sicherheiten

2. Drohpotenzial

3. Anreize

Sicherheiten können etwa Gesetze, Verordnungen, Garantien, aber auch
ein Ehrenwort sein. Hierzu analog sind staatliche oder private Erzwingungsmechanismen als Drohpotenzial, aber auch die glaubwürdige An-
drohung eines Reputationsverlustes. Anreize können sowohl moralsensitive als auch moralzerstörende Eigenschaften besitzen. Wohlgeordnete
Gesellschaften und kluge Akteure werden daher die Glaubwürdigkeit
ihrer moralischen Diskurse nicht allein von durchsetzbaren Sicherheiten
mit vorhandenen Sanktionsmöglichkeiten abhängig machen, sondern
darauf achten, dass die Anreizstrukturen ihrer Transaktionen moralisches
Handeln belohnen und nicht bestrafen. So besteht glaubwürdige Anti-
Korruptionspolitik eines Unternehmens nicht allein aus einem funktions-
fähigen Compliance-Programm, sondern umfasst ebenfalls die Eliminie-
rung oder Einschränkung aller Anreize in Bonussystemen oder Karriere-
planung, die zu einem korrupten Verhalten seiner individuellen Mitglieder führen könnten. Exakt darin besteht die Implementierung moralsen-
sitiver Anreizstrukturen in Unternehmensbereichen mit hohen Verhaltensrisiken.[128]

c) Selbstbindung – Fremdbindung: Die Glaubwürdigkeit moralischer
Versprechen und moralischer Praxis hängt ab von dem Öffentlichkeits-
grad der Erzwingungsmechanismen, die in Selbstbindungs- und/oder
Fremdbindungsstrategien differenziert werden können. So macht es einen
wesentlichen Unterschied, ob die Stichhaltigkeit eines unternehmerischen
Reporting-Systems zum Thema Corporate Social Responsibility von
einer Selbstevaluierung, von einem staatlich verordneten Zertifizierungs-
system oder von einem externen Audit durch unabhängige Organisationen abgeleitet wird. Dieses Beispiel plausibilisiert, dass auch hier drei
Faktoren unterschieden werden können, die entscheidenden Einfluss
nehmen:

1. öffentliche Ordnungen

---

[128] Vgl. Wieland/Fürst 2002, Fürst/Wieland 2004a und Fürst 2005.

2. private Ordnungen

3. Netzwerkordnungen

Öffentliche Ordnungen wie Gesetze und Verordnungen schöpfen ihr Glaubwürdigkeitspotenzial aus ihrem Charakter als durchsetzbarer Rechtsanspruch und der Neutralität des vollziehenden kollektiven Akteurs, des Staates. So scheint gegenwärtig zur Diskussion zu stehen, welche Durchsetzungsmacht Nationalstaaten in einer globalen Welt überhaupt noch zukommt. Auch ist es mit der Neutralität eines Staates nicht weit her, wenn er als Machtinstrument eines Clans oder einer Gruppe von Menschen zu deren eigenem Vorteil missbraucht wird. Private Ordnungen wie Verträge und Verfahren schöpfen ihr Glaubwürdigkeitspotenzial aus den damit verbundenen Gewinnen und Verlusten an Reputation für ihre Einhaltung beziehungsweise ihre Verletzung.[129] Sie sind eng gebunden an Eigeninteressen der involvierten Akteure. Netzwerkordnungen, wie ein Corporate Governance-Kodex oder Public Private Partnerships, sind eine Kombination von Selbstbindungs- und Fremdbindungsmechanismen.[130] Sie schöpfen ihr Glaubwürdigkeitspotenzial aus der Kombination und Rekursivität der Effizienz und Effektivität privater Ordnungen und der Erzwingungsmacht öffentlicher oder privater Ordnungen.

Die Zusammenschau der in diesem Abschnitt geführten Diskussion führt zu folgender Tabelle der Einflussfaktoren auf die Bildung von Glaubwürdigkeit.

Es sind die soeben erörterten Einflussfaktoren und deren Management, aus denen sich der Wirkungsgrad von Ambiguität, personaler und situationaler Unsicherheit und unvollständigen Informationen in sozialen Kooperationsbeziehungen ergibt. Die Zuweisung von Glaubwürdigkeit als Komplexitätsreduktion für Entscheidungen basiert daher auf einer vorgängigen Steigerung der Komplexität der zu beachtenden Entscheidungsparameter. Ihre Klärung und Gestaltung sowohl durch den Zuweiser als auch durch den Empfänger von Glaubwürdigkeit ist daher wesentlich, wenn der Zuweisungsprozess nicht mit Täuschung und Willkür kontaminiert sein soll.

---

[129] Vgl. Barzel 1998.
[130] Vgl. hierzu Wieland 2005.

Abb. 9: Einflussfaktoren von Glaubwürdigkeit

	Faktoren
Akteure	Präferenzen Fähigkeiten Möglichkeiten
Institutionen	Sicherheiten Drohpotenziale Anreize
Bindung	öffentliche Ordnungen private Ordnungen Netzwerkordnungen

V.

Wenn wir die geführte tugendethische und institutionenethische Diskussion miteinander vergleichen, dann zeigt sich, dass Glaubwürdigkeit als das Produkt von Akteurseigenschaften plus Handlungsumwelt unter den unaufhebbaren Restriktionen von Ambiguität, Unsicherheit und Informationsunvollständigkeit definiert werden kann. Diese Definition führt zunächst einmal zur Bestätigung des weiter vorne entwickelten Sachverhalts, nämlich dass Glaubwürdigkeit kein Zustand, sondern ein Prozess ist, der sich im Modus „mehr/weniger" bewegt. Aus der Perspektive der Governanceethik hängt die Richtung dieses Prozesses von der Verfügbarkeit und Professionalität des darauf ausgerichteten Steuerungsregimes ab. Mit Blick auf die Themen der Unternehmensethik empfiehlt die Governanceethik hier ein Wertemanagementsystem als Mittel der Wahl. Dessen Zusammenhang mit dem Thema der Glaubwürdigkeit eines sozialen Akteurs soll zum Abschluss dieser Untersuchung erörtert werden. Ein Wertemanagementsystem besteht aus den folgenden vier Entwicklungsstufen:

Abb. 10: Vier Stufen des Wertemanagementsystems

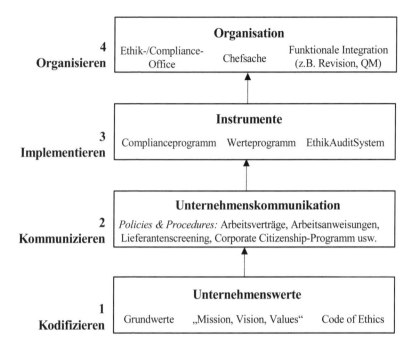

Ich habe sowohl die theoretische Konzeption als auch die Anwendungs-dimension des Wertemanagementsystems an den verschiedensten Stellen ausführlich erörtert[131] und kann mir daher hier diese Diskussion ersparen. Ich möchte nur knapp zusammenfassend festhalten, dass ein solches Wertemanagementsystem im Kern aus dem Abgeben eines moralischen Versprechens (Stufe 1: kodifizierte Verhaltensstandards) und den Me-chanismen seiner Umsetzung, Kontrolle und Organisation (Stufen 2, 3 und 4) besteht. Im Kontext der hier zu erörternden Glaubwürdigkeits-thematik haben Wertemanagementsysteme die Funktion eines credible commitment, und zwar in den folgenden Hinsichten:

a) Selbstbindung: Ein Wertemanagementsystem ist nur dann ein Akt der Selbstbindung, wenn er einhergeht mit rechtlichen Codierungen in

---

[131] Vgl. umfassend Wieland 2004b.

Form eines Complianceprogramms und mit angemessenen Investitionen von finanziellen, personellen und Organisationsressourcen.[132] Dies sind Anstrengungen eines Akteurs, die von anderen Akteuren als eine glaubwürdige Versicherung zu integrem Verhalten interpretiert werden können.

b) Anti-Opportunismus: Wertemanagementsysteme müssen Grauzonen wirtschaftlichen Handelns, also potentielle Schädigungsoptionen des jeweiligen Partners, offen benennen und versichern, dass solche Praktiken weder erwartet noch belohnt werden. Diese Versicherung umschließt den Sachverhalt, dass auf ihre Vermeidung präventiv hingearbeitet wird und eventuelle Schadensersatzansprüche zugelassen werden.

c) Interne und externe Kommunikation: Durch die interne und externe Kommunikation eines Wertemanagementsystems schafft das Unternehmen eine Erwartungshaltung, deren Bestätigung und Enttäuschung selbst kostenpflichtig ist. Die offene Kommunikation von moralischen Ansprüchen an sich selbst und andere generiert eine Messlatte, an der dann das eigene Verhalten gemessen und bei Enttäuschungen mit Reputationsverlusten sanktioniert werden kann. Kollektive Akteure, denen glaubwürdig mit Reputationsschädigung gedroht werden kann (wegen der Art ihrer Produkte oder Dienstleistungen oder wegen der Kommunikationsgeschwindigkeit eines Marktes), können diese Verletzlichkeit akzeptieren und damit in Glaubwürdigkeitskapital umwandeln.

d) Signalling: Wertemanagementsysteme sind öffentlich angebotene Wissensbestände über die Präferenz eines kollektiven Akteurs, nicht aber über die seiner Mitglieder. In seinem Code of Ethics (Stufe 1) kodifiziert dieser Akteur seine handlungsleitenden Werte und stattet sie mit den erwähnten Implementierungs-, Kontroll- und Organisationsmechanismen (Stufen 2-4) aus. Es sind die Existenz und das Zusammenspiel der vier Stufen des Wertemanagements, die die Ernsthaftigkeit und Nachhaltigkeit des darin steckenden moralischen Versprechens ausmachen. Es sind diese Mechanismen, mit deren Hilfe moralische Versprechen gefördert und notfalls auch erzwungen werden können. Sie sind in der Terminologie der Transaktionskostenökonomik „safeguards" vom Typ 2 und 3.[133] Safeguards vom Typ 2 signalisieren eine Präferenz des kollektiven Akteurs für gütliche Lösungen aus Konflikten, und Safeguards vom Typ 3

---

[132] Vgl. Wieland 2004b.
[133] Vgl. Williamson 1985, S. 34.

signalisieren eine Präferenz des kollektiven Akteurs für langfristige Beziehungen. Kontinuität aber führt zu Identität der Akteure; diese wiederum ist die Grundlage zur Akkumulation von Glaubwürdigkeitskapital.

Professionell und nachhaltig betriebene Wertemanagementsysteme (und nur diese, da nur diese als Signal durch andere Akteure rekonstruierbar und einschätzbar sind) schaffen deshalb Erwartungssicherheit in Kooperationsbeziehungen. Sie können und sollen nicht die Ambiguität, Unsicherheit und Informationsunvollständigkeit sozialer Kooperationen vollständig aufheben, wohl aber jenes Glaubwürdigkeitsniveau und jene Wahrhaftigkeitsansprüche in Wirtschaft und Gesellschaft generieren, welche überhaupt erst ermöglichen, dass es zu Kooperationen ihrer individuellen Akteure kommt. Neben der Konstituierung von Kooperation sind Wertemanagementsysteme relevant für deren Durchführung, weil bei allfälligen Perturbationen eine Klärung der Sachverhalte und Interessen gefördert wird und so eine Weiterführung der Interaktion erreichbar ist. An dieser Stelle erhellt, warum Glaubwürdigkeit im Modus „mehr/weniger" existieren muss und kein statisches Konzept sein kann, solange sie für sich den Anspruch als Wahrhaftigkeit und Tugendorientierung plausibilisieren kann. Würden Gesellschaften jeden Bruch eines Vertragsversprechens mit dem sofortigen und vollständigen Entzug der Glaubwürdigkeit eines Akteurs ahnden, so wäre sie als Kooperationsverbund weder existenzfähig, noch könnte sie ein ausreichendes Wohlfahrtsniveau durch „gains form trade" schaffen. Gleiches gilt für den umgekehrten Fall der systematischen Ignoranz gegenüber dem Bruch eines Vertragsversprechens. Die individuellen Sicherungskosten wirtschaftlicher und sozialer Transaktionen würden in diesen Fällen prohibitive Ausmaße erreichen. Wertemanagementsysteme sind in dieser Perspektive Ausdruck und zugleich Instrumentierung der Ermöglichungs- und Begrenzungsfunktion von Moral, weil und insofern sie die gewollte Tugend eines kollektiven Akteurs, nämlich seine Bereitschaft (Code of Ethics) und seine Fähigkeit (Professionalität) zur ‚moral best practice' definieren und sicherstellen. Sie sind die organisatorische Realisierung der Tugenden „Genauigkeit" und „Aufrichtigkeit" auf der Ebene kollektiver Akteure.

Insoweit ein Wertemanagementsystem ein berechenbar zuverlässiges Moralversprechen in Kooperationsbeziehungen ist und durch redundante Bestätigung Glaubwürdigkeit aufbaut (bzw. im Fall der Nichtbestätigung abbaut), steht seine Glaubwürdigkeit unausweichlich unter dem Vorbehalt der Paradoxie moralischer Versprechen. Dieses besteht darin, dass mit moralischen Versprechen zugleich eine bestimmte Wahrscheinlichkeit mit kommuniziert wird, dass dieses Versprechen temporär oder lokal nicht einzuhalten sein wird. Sei es, weil es an den „external obstacles to truth" oder den „worlds being resistant to our will" scheitert oder an der Bereitschaft dieses Akteurs zur Tugend. An dieser Stelle zeigt sich, dass moralisches Scheitern von Individuen und Organisationen kein Ausdruck von gestörter Tugend und Moralität sein muss, sondern umgekehrt eine unausweichliche Eigenschaft anwendungsorientierter Moral ist. Es erscheinen darin der enge Zusammenhang von Bereitschaft und Fähigkeit des einzelnen Akteurs zur Wahrhaftigkeit oder allgemeiner die Grenzen moralischen Engagements, so wie es in dieser Untersuchung differenziert und entwickelt wurde. Darin liegt eine gewisse Unerträglichkeit moralischer Kommunikation, die unter funktional differenzierten Systemzusammenhängen bis zum Äußersten gesteigert wird.

Kann man moralisch gestützter Glaubwürdigkeit überhaupt vertrauen, gegeben das soeben entwickelte Komplexitätsniveau, das erreicht werden muss, damit Glaubwürdigkeit wirklich glaubwürdig ist? Die daraus resultierende unaufhebbare Paradoxie moralischer Versprechen hat zu einem gerechtfertigten Misstrauen der Mitglieder moderner Gesellschaften gegenüber der Effizienz und Effektivität scheinbar rein moralisch gesteuerter Versprechungen geführt. In der Folge beobachten wir die Verrechtlichung der sozialen und vormals moralisch codierten Beziehungen, betrieben in der Hoffnung, auf diese Weise mehr Erwartungssicherheit für Kooperationen zu gewinnen. Wenn auch zutreffend ist, dass dies in Europa und Nordamerika sehr weitgehend gelungen ist und dass hierin ein wesentlicher Wettbewerbsvorteil dieser Zivilisationsmodelle besteht, so haben sich dennoch am Ende des Tages die Grenzen des Rechts[134] bei der Steuerung sozialer Interaktionen gezeigt.

Dies hat in den letzten Jahren zu einem Comeback-Versuch der Ethik als anwendungsorientierter Disziplin geführt. Die damit unausweichlich verknüpfte Diskussion über die Glaubwürdigkeit ethischer Regeln und moralischer Haltung selbst, die in ihrem Kern von der Reichweite tugendethischer Motivation und der Glaubwürdigkeit moralischer Versprechungen individueller und kollektiver Akteure handelt, muss die soeben entwickelten systematischen und historischen Zusammenhänge in

---

[134] Vgl. Stone 1975.

ihrer prozesshaften Gebrochenheit unverkürzt reflektieren. Die Wahrheit, die uns auf diesem Weg begleiten sollte, scheint mir diese zu sein: Die Ermöglichungs- und Beschränkungsfunktion von Moral ist eng verknüpft mit der Aufrichtigkeit und Genauigkeit bei der Realisierung moralischer Ansprüche. Das über die gelingende Simultanität geeigneter Governance-strukturen vermittelte Zusammenspiel in diesem Sinn verstandener Tugend individueller und kollektiver Akteure ist dabei die Bedingung der Möglichkeit von Moral und sich darauf beziehender ethischer Reflexion in der Moderne. Die Governanceethik ist eine starke Tugendethik. Nicht nur, weil sie sich auf individuelle und kollektive Akteure bezieht und von deren moralischer Alltagspraxis ihren Ausgang nimmt, sondern auch, weil sie den Zusammenhang von moralischer Haltung und potenzieller Fähigkeit als immanente ethische Qualität von Selbst- und Fremdsteue-rungsregimes konzipiert. Die Glaubwürdigkeit ethischer Aussagensys-teme und die damit in Zusammenhang gebrachten moralischen Haltun-gen und Versprechungen sind systematisch und geschichtlich gesehen keineswegs selbstevident. Wenn daher einige Akteure der Glaubwürdig-keitsdiskussion in der Wirtschafts- und Unternehmensethik glauben soll-ten, diese handle ausschließlich von einer Eigenschaft wirtschaftlicher Akteure, dann irren sie. Ethik und Moral selbst und ihr gesellschaftlicher Nutzen stehen heute ergebnisoffen auf dem Prüfstand. Die Governance-ethik ist ein theoretisch gesteuerter Vorschlag, wie man mit dieser Her-ausforderung wissenschaftlich integriert und praktisch organisiert umge-hen könnte.

V. Kapitel
Theorie moralischer Anreize

I.

Das Problem moralischer Anreize wird in der wirtschaftsethischen Literatur relativ selten erörtert. Dahinter mag der ökonomische Stallgeruch des Begriffs „Anreiz" stecken, vielleicht aber auch die Hoffnung, dass moralisches Handeln keine Anreize brauche, sondern um seiner selbst willen „geschehe". Aber auch das wäre ja nur eine andere Form des Anreizes, nämlich das intrinsisch motivierte „um seiner selbst willen". Schließlich wird das Problem auch dadurch noch erschwert, dass man gelegentlich den Eindruck gewinnt, dass mit der Zuweisung des Prädikats „um seiner selbst willen" kein analytisches, sondern ein normatives Interesse einhergeht, etwa die Unterscheidung einer „echten Ethik" von der „bloßen Klugheit instrumenteller Ethik".

Die Dimension der motivationalen Tiefenstrukturen von Tugenden und eine sich darauf beziehende Theorie moralischer Anreize ist von grundlegendem Interesse für die Governanceethik. Unterstellte Selbstevidenz ersetzt dabei keine Analyse. Der Hinweis darauf, es geschehe etwas um seiner selbst willen, entbindet nicht von der Aufgabe zu beschreiben und erklären, um welches Phänomen es sich dabei handelt und wie die Wirkungsweise dieser selbstgenügsamen Motivstruktur ist. Für anwendungsorientierte Ethiken ist die theoretische und empirische Erforschung der Beschaffenheit moralischer Anreize und die Mechanismen ihrer Aktivierung und Stabilisierung zentral. Anreize und deren Wirkungsweise bilden den Kontext, den Übergangspunkt und das Bindeglied zwischen individueller Motivation und struktureller Fähigkeit zum moralischen Handeln, die wir im vorangegangenen Kapitel behandelt haben. Wer etwas über diese Zusammenhänge wissen will, kommt an einer Theorie moralischer Anreize nicht vorbei. Mehr noch: Wenn man akzeptiert, dass wie auch immer generierte rationale Begründungen nur eine schwach motivierende Kraft für moralisches Handeln darstellen, dann wird deutlich, dass die Beantwortung der Frage nach den moralischen

Anreizen moralischen Handelns entscheidend ist für anwendungsorientierte normative Ethiken. Ohne sie käme es nämlich nicht zu moralökonomischen Handlungen. Daher rührt das Interesse der Governanceethik an diesem Themenfeld.

Gelegentlich entsteht, vor allem in der deutschen Diskussion, der Eindruck, als ob es vor allem ökonomische Anreize seien, die moralisches Verhalten induzierten. Demgegenüber hält die Governanceethik es aus den im ersten Kapitel entwickelten gesellschaftstheoretischen Gründen für plausibel, dass zusätzlich auch psychologische, soziale, rechtliche oder eben moralische Anreize in Betracht gezogen werden müssen, um zu erklären, was moralisches Verhalten triggert und stabilisiert. Ich werde auf diese Diskussion im Folgenden zurückkommen, möchte hier aber für den Anfang festhalten, dass bis auf den heutigen Tag moralische Anreize zur Steuerung moralischen Verhaltens von keinem der existierenden wirtschaftsethischen Theoriekonzepte in Erwägung gezogen wurde. Auch enthält keines der einschlägigen, nationalen oder internationalen, philosophischen und wirtschaftsethischen Handwörterbücher oder Lexika ein entsprechendes Stichwort.

Ich möchte in diesem Kapitel einige Ideen zu einer Theorie moralischer Anreize erörtern und werde diejenigen theoretischen Bezugs- und Andockpunkte, die für eine governanceethische Theorie moralischer Anreize von Bedeutung sind, zu Beginn dieser Untersuchung kurz zusammenfassen.

II.

Ich beginne erneut mit der funktionalen Differenzierung der Gesellschaft, diesmal jedoch unter dem Gesichtspunkt der strukturellen Kopplung ihrer Funktionssysteme. Soziale Kategorien wie Governance, aber auch Eigentum, Vertrag, Tausch oder Anreiz verfügen sowohl über eine ökonomische Codierung als auch über eine rechtliche, politische, psychologische, moralische, um nur einige zu nennen. Kategorien diesen Typs gehören konstitutiv zu modernen Marktgesellschaften und begleiten sie daher von Anfang an. Sie sind das kommunikative Medium für die strukturelle Kopplung von Systemleistungen – in unserem Fall also des Moralsystems und des Wirtschaftssystems –, die in funktional differenzierten Gesellschaften der wechselseitigen Stabilisierung und der rekursiven

Leistungssteigerung der jeweiligen Funktionssysteme dienen.[135] Sie können diese Leistung für die Gesellschaft deshalb erbringen, weil sie kommunikative Offenheit mit operativer Geschlossenheit verbinden. So ergibt sich die spezifische Aufladung des Begriffs Governance aus seiner
operativen Geschlossenheit und damit aus seiner Relation zu einem bestimmten Funktionssystem. Corporate Governance in der Ökonomie,
Good Governance in der Politik, Ethik der Governance in der Moral und
so weiter. Governance in der Politik orientiert sich dann an der Leitdiffe-
renz Macht/Opposition, in der Ökonomie an der Differenz Nachfrage/
Angebot und in der Ethik an gut/schlecht. Auf der Ebene des Funktionssystems Ökonomie sind daher moralökonomische Diskurse, wie bereits erwähnt, ökonomische Diskurse. Kommunikative Offenheit bedeutet, dass der, sagen wir: ökonomische Begriff der Governance auch
im Status der operativen Geschlossenheit sich von der moralischen Konnotation dieses Begriffs irritieren lassen kann, sie auf der Ebene der Organisationssysteme zu ihrem Eigenwert rezipieren und mobilisieren kann
– und damit genuin moralische Anliegen in den Organisationen und Akteuren der Wirtschaft nicht nur kein Rauschen auslösen, sondern zu moralökonomischen Entscheidungen inklusive der notwendigen Governancestrukturen zur Realisierung dieser Entscheidungen führen. Dass es
sich dabei um Moralökonomie und nicht einfach um Ökonomie handelt,
also Normativität in den Diskurs eingeführt ist, wird sichergestellt durch
die ethische Legitimität der moralökonomischen Anliegen Tm, die als
kultureller Wissensbestand und informelle Institution IF mittels der gewählten Governance wirksam wird.

Im kommunikativ offenen Charakter der Kategorie Anreiz, der sich
nur operativ schließt, wenn er an ein bestimmtes Funktionssystem (Ökonomie, Moral) angedockt wird, liegt daher in gewisser Weise wie in einer
Nussschale die gesamte Problematik der wirtschaftsethischen Diskussion
der Moderne: Wie ist Normativität, die sich auf das Gesamt des Gesellschaftssystems ausrichtet, unter der Bedingung funktionaler Differenzierung möglich? Unsere im ersten Kapitel gegebene Antwort lautet: Fragmentiert und temporalisiert. Aus dieser Perspektive zeigt sich, dass man
die Kategorie Anreiz an das Ökonomiesystem anschließen kann, und
dann bezieht sich dieser Begriff auf die Wahrnehmung eines selbstrefe-
rentiellen Eigeninteresses, das im Harmoniefall identisch ist mit dem ge-

---

[135] Vgl. Luhmann 1993, S. 453.

sellschaftlichen Gesamtinteresse. Was aber geschieht, wenn man diesen Begriff an das Moralsystem andockt? Genau dies ist das Thema dieser Untersuchung, und deren Gang hängt entscheidend von gesellschaftstheoretischen Überlegungen ab. Genauer davon, welchen Status eine gegebene Gesellschaft der Moral für das Gelingen sozialer Kooperation zurechnet. Die Entwicklung einer Theorie der Governanceethik bezog sich von allem Anfang an auf die Ausdifferenzierungsproblematik moderner Gesellschaften, nämlich darauf, dass Wirtschaft und Moral, Ökonomik und Ethik als getrennte und je eigenständige Logiken gehorchende autonome Handlungs- oder Reflexionsräume für gesellschaftliche Akteure sind. Soll es bei dieser funktionalen Trennung bleiben? Wenn ja, wie könnte eine Verbindung zwischen diesen Räumen beschaffen sein? Wenn nein, worin bestehen die gesellschaftstheoretischen Alternativen?

Alle Wirtschafts- und Unternehmensethiken sehen sich mit diesem Problemvorwurf konfrontiert und müssen Antworten generieren. Nicht selten geschieht dies eher implizit, und zwar dadurch, dass eine Dominanzstellung der Moral gegenüber der Wirtschaft, der Ethik gegenüber der Ökonomik, oder das gerade Gegenteil angenommen wird. So paradox es klingen mag, aber die gemeinsame Idee beider Vorstellungen liegt darin, dass funktionale Differenzierung entweder glatt abgelehnt (Ethik dominiert sui generis Ökonomie) oder zunächst zugelassen (Emanzipation der Ökonomik von der Ethik) und dann wieder zurückgenommen (Ökonomik dominiert Ethik) wird. Im Gegensatz hierzu bezog sich die theoretische Entwicklung der Governanceethik von allem Anfang explizit auf die Akzeptanz und Weiterentwicklung funktionaler gesellschaftlicher Differenzierung. Es fragt sich dann, welches die Konsequenzen für die Theorie sind.

Diese Frage stand Mitte der achtziger Jahre im Vordergrund meines theoretischen Interesses. Die Arbeiten zu diesem Thema führten schließlich zu dem Ergebnis, „dass in der funktionalen Verselbständigung bei gleichzeitiger Interdependenz gesellschaftlicher Subsysteme das Integrationsproblem moderner Gesellschaften liegt."[136] Es zeigte sich, dass die daraus resultierende „je eigene Normativität distinkter Handlungssphären" von Moral und Wirtschaft „der aktuellen Wirtschaftsethikdiskussion letztlich zugrunde" liegt.[137] Die gesellschaftstheoretische Figur der struk-

---

[136] Wieland 1990, S. 155.
[137] Ebenda, S. 156.

turellen Kopplung von Autonomie und Interdependenz ist bis heute einer der grundlegenden Reflexionspunkte der Governanceethik. Einerseits wird damit die funktionale Differenzierung (Trennung) von Ökonomie und Ethik als irreversibel und produktiv akzeptiert, andererseits bildet diese Differenzierung den nicht hintergehbaren Kontext, Interaktionsmöglichkeiten zwischen Ökonomie und Ethik auszuloten und dann zu gestalten. Diese Interaktion, dies hat die bisherige Diskussion erbracht, ist durch die Simultanität und Rekursivität verschiedener Systemlogiken möglich. Governance ist die Bedingung der Möglichkeit dieser Interaktion.

III.

Die mikroökonomische Standardtheorie geht davon aus, dass Marktwirtschaften über Preissignale gesteuert werden, die von deren Akteuren in Entscheidungen umgesetzt werden. Diese Signale sind strikt preisförmig codiert (Angebot/Nachfrage), und eine genuine Moral kommt daher im theoretischen System der Wirtschaft nicht oder nur als Element der ceteris paribus-Klausel vor. Die Governanceethik teilt diese polare Systematik nicht, sondern arbeitet statt dessen mit der Unterscheidung von Funktionssystem (Markt), Organisationssystemen (Unternehmen) und Akteuren.[138] Während Funktionssysteme wie der Markt monolingual operieren, also nur eine Sprache, die der Preise, verstehen, sind Organisationssysteme wie Unternehmen oder Staaten konstitutiv auf die Fähigkeit angewiesen, polylinguale Diskurse zu generieren und zu stabilisieren. Dafür ist Voraussetzung, dass die Organisationssysteme die Signale der Funktionssysteme konvertieren – im Fall der Wirtschaft von (Zahlungs-)Angebot/(Zahlungs-)Nachfrage in Aufwand/Ertrag. Ein Angebot oder eine Nachfrage nach Moral ist nicht möglich – moralische Güter haben keine Eigentumsrechte, die getauscht werden könnten –, wohl aber generieren sie Aufwand und Ertrag. Damit wird es theorietechnisch möglich, genuin moralische Überlegungen kommunikativ in das ökonomische Entscheidungskalkül nicht nur individueller, sondern auch kollektiver Akteure einzuspeisen, und zwar als Bestandteil des ökonomischen Problems dieser Akteure selbst. Das ökonomische Problem besteht darin, knappe Res-

---

[138] Wieland 1996, S. 70 ff.

sourcen durch Kooperation mittels Organisationen unter Markt- und Wettbewerbsbedingungen zu alloziieren. Damit ist neben der funktionalen Differenzierung ein zweiter grundlegender Ausgangspunkt der Governanceethik bezeichnet, nämlich die Integration der Differenzen auf der Ebene der Transaktionen der Organisationssysteme.

Die neoklassische Idee der polaren Gegenüberstellung von Markt als einem amoralischen preisförmigen Allokationsmechanismus und einem individuellen Akteur, der sich an den Signalen dieses Systems orientiert und sich bei Strafe der Insolvenz auch orientieren muss, und sei er auch noch so von moralischen Skrupeln geplagt, ist ein Reflex der funktionalen Differenzierung der europäischen Gesellschaften. Die ökonomische Theorie bildet sich in einem Prozess der moralischen Entleerung ihrer Kategorien, der zu Beginn des 17. Jahrhunderts startet und dann gegen Mitte des 20. Jahrhunderts erfolgreich abgeschlossen ist. Abgesehen von einigen heterodoxen Randdiskussionen ist zu diesem Zeitpunkt das moralische Erbe der antiken und mittelalterlichen Ökonomike aus den Economics eliminiert. Hatte diese ökonomisches Theoretisieren noch als gestaltendes Nachdenken über moralgesteuerte Personalrelation verstanden, so konzipiert jene ihren Gegenstandsbereich als ein Reich systemgesteuerter Sachrelation:

> „Auf der Ebene dieses Systems existieren keine Menschen mehr. Es ist eine intelligible Form, reiner Funktionszusammenhang, eine ideale Ding-Ding-Welt. In ihr strömen Ressourcen in Reaktion auf Preise, komparative Vorteile führen zu einer Verschiebung der Ressourcennutzung, und Arbeit repräsentiert nurmehr eine bestimmte Menge an Fähigkeiten."[139]

Dieser dogmengeschichtliche Sachstand der Lehrbuchökonomik, der erst mit dem Auftreten der Institutionenökonomik und der Experimentellen Ökonomik in den letzten beiden Jahrzehnten aufgebrochen wurde, hatte eine merkwürdige Paradoxie zur Konsequenz, die über viele Jahre hinweg die wirtschaftsethische Diskussion verwirrt und blockiert hat. Denn einerseits sind für das Thema selbst jetzt nicht mehr Philosophie und Theologie allein zuständig, sondern auf Augenhöhe mit ihnen auch die Ökonomik, die sich dabei nicht selten auf eine überlegene professionelle

---

[139] Wieland 1990: 154; vgl. ausführlicher hierzu Wieland 1998a, Wieland 1992 und Biervert/Wieland 1987 und 1990.

Expertise beruft. Andererseits hat mit Ausnahme des Utilitarismus und der Vertragstheorie die philosophische Ethik darauf mit der Kultivierung eines kritisch gefärbten Desinteresses an Ökonomie reagiert und sich in Abstraktionslagen zurückgezogen, die gegen Anstürme der moralischen Praxis sicher sind und aus denen es keine Wiederkehr mehr gibt. Gleichzeitig aber ist die Ökonomik nicht mehr in einer Position, ethische Probleme als solche zu beurteilen, da sie hart daran gearbeitet hatte, ihr epistemologisches und methodologisches Instrumentarium von Ethik gründlich zu säubern. Die Ethik hingegen meidet nach wie vor ökonomisches Terrain und konzentriert sich in Sachen angewandter Ethik auf Medizin oder Technik, aus welchen Gründen auch immer. Freilich hat John R. Searle erst jüngst den abgerissenen Faden der Diskussion zwischen der Philosophie und der Ökonomie wieder aufgenommen und am Beispiel der Institutionenökonomie gezeigt, dass neben dem ökonomischen Vorteilskalkül erst die Zurechnung von Status auf ein Ereignis zur Bildung von Institutionen führt.[140]

Aus der Sicht eines Ökonomen lässt sich in drei Richtungen reagieren. Die erste Möglichkeit ist, dass man von einer Identität oder von einer Konvergenz zwischen dem ökonomischen und dem ethischen Anliegen ausgeht. Die Aufgabe der Wirtschaftsethik ist es dann, moralische Anliegen in ökonomische Problemlagen zu transponieren. Die zweite Möglichkeit geht von der gleichen Sachlage aus, zieht aber genau gegenteilige Schlussfolgerungen. Jetzt besteht die Aufgabe der Ethik darin, die Ökonomik über die speziellen Erfordernisse des ethischen Diskurses aufzuklären und dessen vernunftgesteuerte Berücksichtigungen im Ökonomischen durch deren Unterordnung einzufordern. Schließlich die dritte Möglichkeit, die darin besteht, die ökonomische Theorie so zu entwickeln und umzubauen, dass Moral zu einem genuinen Bestandteil des ökonomischen Problems wird. Die Governanceethik ist aus der Verfolgung der zuletzt erwähnten Option entstanden. Es liegt nicht in der Absicht dieses Kapitels, diesen Prozess zu rekonstruieren[141], aber die entscheidenden Aspekte seien hier kurz benannt.

---

[140] Vgl. Searle 2005, S. 7 ff.
[141] Vgl. dazu aber im Wesentlichen Wieland 1989, 1993b, 1996, 2001b, 1999 sowie Biervert/Wieland 1990 und Wieland/Becker 2000.

Der von Lionel Robins[142] formulierte und bis heute von vielen Ökonomen akzeptierte Gegenstandsbereich der Ökonomik, „Economics is the science which studies human behaviour as relationship between ends and scarce means which have alternative uses", wird durch die Governanceethik redefiniert. Das ökonomische Problem besteht im Rahmen der Governanceethik darin, knappe Ressourcen durch organisierte Kooperation unter Wettbewerbsbedingungen zu alloziieren. Ressourcen sind in diesem Zusammenhang Güter und Produktionsfaktoren, aber auch moralische Wertungen und Haltungen der Akteure. Diese Relation zwischen Ressourcen, organisierter Kooperation und Wettbewerb entspricht der Differenzierung der Gesellschaft in Personensystem, Organisationssystem und Funktionssystem. Ich habe weiter vorne bereits erwähnt, dass gerade die Einführung der theoretischen Figur „polylinguale Organisationssysteme" die theoretische und praktische Thematisierung moralischer Fragen im ökonomischen Kontext erlaubt. Damit ist Wirtschafts- und Unternehmensethik als Bestandteil des ökonomischen Allokationsprozesses und nicht mehr, wie üblich, als Präferenz oder Präferenzbeschränkung individueller Akteure positioniert.

Dass die Standardökonomik Ethik als exogen gegebenen Präferenzbereich abbildet, ist logisch und unausweichlich. In einem entpersonalisierten ökonomischen System ist nur auf diesem Wege die ökonomische Übersetzung von Tugendethik als Akteurspräferenz möglich, wenn man nicht in idealistische Schwärmereien verfallen will. Das Problem einer individualisierten und ausschließlich durch rationale Begründungen motivierte Tugendethik in modernen Marktgesellschaften ist es, dass alle sie einfordern, aber niemand mit der Möglichkeit ihrer wirksamen Aktivierung rechnet. Die Gegenüberstellung der Tugend individueller Akteure und der Zwänge des Funktionssystems Marktwirtschaft führt in aller Regel zu Überforderungs- und Ausweichreaktionen der individuellen Akteure. Man bedauert, aber den Zwängen des Marktes muss man sich beugen. In der Folge stellt sich eine Blockade und Erodierung moralischer Handlungsfähigkeit durch Rationalität ein. Moral ist dann das, was ökonomisch rational denkende Akteure sich für Weihnachtsfeiern oder Stakeholderdialoge aufheben. Philosophisch kann man dann an die Selbstaufklärung ökonomischer Rationalität appellieren oder sich mit der Differenzierung verschiedenster Rationalitätstypen und deren hierarchi-

---

[142] 1932, S. 16.

scher Ordnung beschäftigen. Es nutzt alles nichts. Die Beschränkungsfunktion ökonomischer Regelsetzung dominiert und vernichtet die Ermöglichungsfunktion rational begründeter Moralität. Es ist daher gerade
die Einführung von Governancestrukturen, die mit Blick auf die Wirksamkeit von Tugenden in der Wirtschaft für eine andere Situation sorgen.
Wer praktizierte Tugendethik will, muss für die entsprechenden Governancestrukturen sorgen – auch und gerade in der Wirtschaft. Dafür gibt
es eine ökonomische Erklärung. Kollektive Akteure wie Unternehmen
benötigen zur Stabilisierung ihrer Transaktionen und zur Mobilisierung
ihrer Ressourcen und Kompetenzen moralische Kommunikation auf
individueller und kollektiver Ebene. Sie können sie daher nicht nur verstehen und ihr folgen, sie müssen sie bis zu einem bestimmten Grad auch
generieren und fördern.

IV.

Schließlich kommen wir zum dritten Ausgangspunkt der Governanceethik, nämlich ihre dezidiert empirische Orientierung. Daran spiegelt sich
eine Einsicht, die die philosophische Tradition seit jeher betont hat. Moral ist ein Phänomen gesellschaftlicher Praxis, Ergebnis und Voraussetzung sozialer Kooperation, emergentes Produkt der Kooperation individueller und kollektiver Akteure. Sie ist eine kulturell sedimentierte Hand-
lungsvorstellung. In diesem Sinne sind sowohl das Ethos als auch die
Alltagsmoral normativ, weil und insofern sie Standards für Handeln
liefern. Die Normativität des Alltags, die moralische Praxis der Gesellschaft, so wie sie sich in ihren Transaktionen zum Ausdruck bringt, das
ist eine wesentliche Referenz für die Governanceethik. Moral ist nicht
das Resultat philosophischer Bemühungen um Normativität und der sich
darauf beziehenden Diskurse in den ethischen Fakultäten oder Akademien. Dort geht es um argumentativ produzierte rationale Begründungen
und Rechtfertigungen einer vorgängigen moralischen Praxis. Der Aus-
gangs- und Bezugspunkt der philosophischen Ethik ist allerdings nicht
einfach die Praxis, sondern die Erkundung und Bewertung der Differenz
zwischen der Normativität des Faktischen und der Normativität, die aus
vernünftigem und professionellen Regeln gehorchendem Denken über
diese Praxis entspringt. Philosophische Ethik beschäftigt sich mit der Begründung von Normen um ihrer Normativität willen und ist damit immer

schon Teil einer gesellschaftlichen Kultur (IF), die vernunftgeleitetes Handeln zu ihren höchsten Gütern zählt. Moralische Überzeugung und ethische Reflexion gehören beide zu den informellen Institutionen einer Gesellschaft. Primäre Aufgabe der Ethik ist es nicht, moralisches Handeln zu motivieren, sondern normativ zu legitimieren. Sicherlich kommt der Legitimation einer Handlung als rational gerechtfertigte eine gewisse motivierende Kraft für deren Ausübung zu, aber nur eine schwache. Wie wir im vorangegangenen Kapitel über die Tugenden bemerkt haben, machen kulturell getriebene Scham oder Empörung über unmoralische Handlungen sowie das Streben nach sozialer Achtung und Anerkennung den größten Teil der Kraft aus, die zu moralischen Handlungen führt. Darauf komme ich in diesem Kapitel ausführlich zurück.

Vor diesem Hintergrund wird deutlich, warum die Governanceethik eine tiefe Skepsis gegenüber ethischen Theorien hegt, die keinerlei Anwendungsbezug und nur unklare empirische Implikationen haben und dies durch die Behauptung zu verbergen suchen, dass ihr Beitrag zur moralischen Praxis in der Kritik dieser Praxis bestünde. Dabei geht es der Governanceethik nicht nur um die Ablehnung der auf diesem Wege produzierten deduktiven Irrelevanz, sondern mehr noch um die Einsicht, dass es gerade die empirisch orientierten Arbeiten und die praktischen Erfahrungen der Implementierung von Wertemanagementsystemen sind, die das theoretische Konzept der Ethik der Governance entscheidend beeinflusst und gefördert haben. Dabei standen bisher Fragen der Corporate Governance[143], der Institutionalisierung von Wertemanagement- und Werteauditsystemen[144], der Standardisierung[145], der Organisierung transkultureller Wertschöpfungsketten[146], des Risikomanagements[147], der Corporate Citizenship und der Corporate Social Responsibility[148] und der Wissensgovernance[149] im Vordergrund.

Die Ethik der Governance lieferte schließlich die Zusammenfassung der verschiedenen Diskussionsstränge. Ihre Grundidee besteht in der

---

[143] Vgl. Wieland 2000, 2002a, 2005.

[144] Wieland 2004b; Fürst/Wieland 2004a; Wieland/Grüninger 2000.

[145] Wieland 2003.

[146] Wieland 2002b.

[147] Fürst 2005.

[148] Wieland 2002c, 2003b.

[149] Vgl. Wieland 2004a.

Überlegung, dass sich alle Probleme und Aspekte der Wirtschafts- und Unternehmensethik mikroanalytisch darstellen lassen als normative Dimension distinkter wirtschaftlicher Transaktionen. Es ist dann die diskriminierende Zuordnung von Governancestrukturen zur Führung, Steuerung und Kontrolle dieser Transaktionen, die darüber entscheiden, ob moralische Anliegen in der Wirtschaft zum Zuge kommen oder nicht.

V.

Aus den bisherigen Erörterungen funktionaler Differenzierung und des polylingualen Charakters von Organisationen ergibt sich für Unternehmen die praktische Problemstellung, moralsensitive Governancestrukturen zur Abwicklung von Transaktionen aufzubauen, die eine moralische Dimension haben. Der von mir vorgeschlagene Begriff des „umfassenden Anreizmanagements"[150] besagt im Wesentlichen, dass es für ein Unternehmen nicht möglich ist, sich auf das Management ökonomischer Anreize zu beschränken. Moral zählt in den Unternehmen der Wirtschaft, weil und insoweit sie eine Ressource oder Kompetenz der Organisation, ihrer Mitglieder und ihrer Governance ist.

Die Vorstellungen der Existenz moralischer Anreize in der Wirtschaft setzt zunächst einmal voraus, dass das gegenüber der Wirtschaft autonome Funktionssystem der Moral eine genuine und zugleich nützliche Leistung für die Wirtschaft und deren individuelle und kollektive Akteure erbringen kann. Wäre das nicht so, so würden moralische Anreize nur Rauschen in der Wirtschaft erzeugen. Die Rückbindung der Moral an ein autonomes Funktionssystem und die gleichzeitige Anforderung einer genuinen Leistung der Moral für die Akteure eines anderen Funktionssystems ist von Bedeutung für den gesellschaftlichen Status der Moral, weil ohne diese Merkmale moralische Anreize durch ökonomische, ästhetische, rechtliche oder jedwede anderen Anreize ohne Rest substituierbar wären. Gerade wer die Existenz einer genuinen Moral in der Wirtschaft für möglich und notwendig hält, kommt an der theoretischen Figur eines autonomen gesellschaftlichen Funktionssystems „Moral" nicht vorbei. Wir haben bereits festgehalten, dass das Moralsystem der Gesellschaft für individuelle und kollektive Akteure den Zugang zu nor-

---

[150] Wieland 1999, S. 64.

mativer Kommunikation (IF) eröffnet, über die sie Achtung oder Missachtung auf soziales Handeln und Verhalten zurechnet. Die ökonomische
Notwendigkeit dieses normativen Zurechnungsmodus ergibt sich in der
Wirtschaft in letzter Analyse aus den Kontingenzen und unvollständigen
Vertragsvereinbarungen, die soziale Kooperation ermöglichen und unabänderlich begleiten. Die Ermöglichung von Kooperation durch Absorbie-
rung damit einhergehender und gefährdender Erwartungsunsicherheit
(durch Handlungsbeschränkung und -ermöglichung) ist immer schon die
Funktion von moralgesteuerter Governance in Gesellschaften. Ermöglichung und Beschränkung von Kooperation, darauf bezieht sich moralische Kommunikation mit der Zurechnung von Achtung (für Funktions-
konformität) und Missachtung (für davon abweichendes Verhalten).

   Der Stellenwert moralischer Anreize ist mit diesem Sachverhalt
grundlegend bestimmt. Wie alle anderen Anreize sind sie darauf hin ausgelegt, funktionskonformes Verhalten zu stärken und zu belohnen und
die Abweichung davon zu blockieren und zu bestrafen. Die Relevanz
moralischer Anreize lässt sich demnach deduktiv aus dem für den Menschen unausweichlichen Zwang zur sozialen Kooperation herleiten, da
diese ebenso unausweichlich mit Informations- und Erwartungsunsicher-
heiten aller Art einhergeht. Moralischen Anreizen kommt demnach die
Funktion zu, regelkonformes Verhalten sicherzustellen, indem sie den
Verzicht auf nicht regelkonformes Verhalten und die Initiierung von Re-
gelkonformität fördern. Es ist evident, dass nicht nur moralische, sondern
auch ökonomische und rechtliche Anreize diese Wirkung erzeugen können und auch erzeugen. Es zeigt, um nur ein Beispiel zu geben, die all-
tägliche Erfahrung in der Wirtschaft, dass die rechtlichen Rahmenbedingungen und die Ausgestaltung von Karriereplänen oder Bonisystemen
einen erheblichen Einfluss auf die Überlebensfähigkeit von moralischer
Kommunikation in Unternehmen haben. Das mag die reinen „Um-ihrer-
selbst-willen"-Ethiker beunruhigen, ändert aber nichts an dem Sachverhalt, dass eine gelingende unternehmensethische Praxis in hohem und
entscheidendem Maße von der moralsensitiven Ausgestaltung ökonomischer und rechtlicher Anreize abhängt.[151]

   Wenden wir uns nun erneut der strukturellen Kopplung von Funk-
tionssemantiken zu, die für unser Thema der moralischen Anreize von
äußerstem Interesse ist. Es wurde bereits erwähnt, dass Funktionssysteme

---

[151] Dazu grundlegend und aufschlussreich Homann 1999a.

nur auf der Basis ihrer Leitdifferenzierungen codieren und kommunizieren können, also etwa für die Wirtschaft Angebot/Nachfrage und für die
Moral etwa gut/schlecht. Damit es überhaupt zu einer gesamtgesell-
schaftlichen Kommunikation und nicht zu autistischen Partialdialogen
oder hierarchisch gesteuerten parallelen oder seriellen Dialogen kommen
kann, sind strukturelle Kopplungen zwischen den Funktionssystemen
notwendig, die semantisch über Kategorien laufen, die die Fähigkeit zur
operationalen Geschlossenheit mit der Möglichkeit kommunikativer
Offenheit kombinieren. Solche Kategorien sind operational geschlossen
dann und insoweit sie sich auf den Code spezifischer Funktionssysteme
beziehen. Sie sind dann und insoweit offen, als sie eine semantische An-
dockstelle im System für andere Funktionssysteme bilden, die es den
Akteurs- und Organisationssystemen ermöglicht, über systemumfassende
Zusammenhänge und Bedeutungen zu kommunizieren und gleichzeitig
funktionale Differenzierung durchzuhalten. Kategorien, die solche
strukturellen Kopplungen moderner Funktionssysteme ermöglichen, sind,
wie bereits angeführt, unter anderem Governance, Nutzen, Vertrag,
Tausch und eben die uns hier interessierende Kategorie der Anreize. Sie
alle durchlaufen mit Beginn des 17. Jahrhunderts einen umfassenden
Konnotationswechsel, allerdings nicht mit dem gleichen Ergebnis. Was
wir über die Multikontextualität der Kategorie der Governance eingangs
dieses Kapitels festgehalten haben, gilt nicht für alle diese Kategorien.
Mit Blick auf den Nutzen lässt sich etwa feststellen, dass gerade die bereits erwähnte ethische Entleerung der Nutzenkategorie durch ökonomische Theorie[152] diese schließlich in eine solche Form gebracht hat, dass
sie zu einer der Leitkategorien ökonomischen Denkens aufsteigen konnte. Gleichzeitig hat vor allen Dingen der angelsächsische Utilitarismus
mit seinen Forschungen und Überlegungen dafür gesorgt, dass die Kategorie des Nutzens auch philosophisch zu einer der Leitkategorien der
modernen Gesellschaft werden konnte. Am Beispiel des Nutzens ließe
sich exemplarisch zeigen, dass funktionsspezifische Arbeit „am ethischen
Begriff" der Schlüssel für die strukturelle Kopplung und damit auch für
das Zusammenwirken verschiedener Funktionssysteme einer Gesellschaft
ist. Eine ähnliche Entwicklung lässt sich auch für die Kategorien des
Vertrages und Tausches nachzeichnen, da hier sowohl auf Seiten der
Philosophie, Soziologie, Sozialpsychologie als auch auf Seiten der

---

[152] Vgl. hierzu Biervert/Wieland 1990.

ökonomischen Theorie erhebliche Anstrengungen zum Verständnis des Verhältnisses von Wirtschaft und Gesellschaft in der Moderne zu konstatieren sind. Für den Begriff der Anreize lässt sich von dieser funktionsspezifischen Kooperation bisher nicht reden. Hier finden wir eine hoch entwickelte Diskussion in den Reihen der Ökonomen, aber verlegenes Schweigen auf Seiten der Philosophie. Lediglich Lawrence Kohlberg hat mit seiner Theorie der Psychologie der Moralentwicklung versucht, Brücken zu schlagen. Ich werde später darauf noch ausführlicher zurückkommen. Hier sollen zunächst noch einmal die Konsequenzen dieses Mangels einer moralischen Arbeit an der Kategorie des Anreizes dargestellt werden. Wenn es richtig ist, dass Kategorien die Schlüssel sind zur „Kooperation" verschiedener Funktionssysteme, und wenn es richtig ist, dass sie simultan operationale Geschlossenheit und kommunikative Offenheit miteinander verbinden, dann folgt daraus, dass ihnen eine zentrale Rolle als Medium systemumfassender gesellschaftlicher Kommunikation in der Moderne zukommt. Gelingende Vermittlung moralischer Ansprüche an ökonomische Transaktionen setzt voraus, dass es i) eine Ebene der Funktionssysteme Moral und Wirtschaft gibt, auf der moralische Ansprüche zunächst spezifisch codiert werden können, und dass es ii) eine Ebene der Akteurssysteme gibt (Organisation, Person), auf der diese Sprachspiele decodiert und miteinander in Bezug gebracht werden können. Es zeigt sich an dieser Stelle die strategische Bedeutung der Governancestrukturen IS und OKK, die polylinguale Sprachspiele nicht nur decodieren und miteinander verknüpfen können müssen, sondern die diese Leistung konstitutiv zu ihrer eigenen Bestandserhaltung benötigen. Dies gilt für alle Arten von Organisation, für Unternehmen ebenso wie für Kirchen und Universitäten, deren Transaktionen damit zu fragmentierten und temporalisierten Medien der Einheit des Gesellschaftssystems werden.

Ich habe bereits erwähnt, dass aus meiner Sicht in einem strategischen Sinne das gesamte Projekt der Wirtschafts- und Unternehmensethik an einer zutreffenden Theorie moralischer Anreize hängt. Es ist die Governance der Anreize, mit der es möglich wird, das Thema Moral und Ökonomie unter der akzeptierten Randbedingung funktionaler Differenzierung theoretisch integrativ zu verarbeiten. Man kann sich natürlich stattdessen auf die Seite der Ökonomie stellen und die Wirkungen ökonomischer Anreize auf moralische Settings untersuchen. Oder man kann sich auf die Seite der Moral stellen und mit dem Hinweis auf „Instrumentalisierung der Moral" eine solche Forschung und den Begriff des Anreizes in der Moral überhaupt ablehnen. Der kritische Punkt ist jedoch, dass weder „Ökonomischer Imperialismus" noch „Diskursethik" Kategorien struktureller Kopplungen sind, sondern nach Dominanz und Unterordnung des jeweils anderen verlangen. Aber dies scheint mir doch nach allem, was wir bisher erörtert haben, eine unfruchtbare Diskussion zu sein, die nicht verstanden hat, dass weder die „Ökonomisierung der Moral" noch die „Moralisierung der Ökonomie" die Lösung des normativen Integrationsproblems funktional differenzierter Gesellschaften sind, sondern die Erarbeitung einer gesellschaftlichen Semantik, die es ermöglicht, das Problem ökonomischer Moral so in die Systeme der Gesellschaft einzuspeisen, dass es dort erstens nicht nur Rauschen erzeugt, sondern verständlich ist, und zweitens eine gemeinsame Governance bei drittens Beibehaltung der Funktionsdifferenz ermöglicht. Aus diesen Erwägungen heraus ist die Arbeit einer Theorie moralischer Anreize aus der Sicht der Governanceethik ein strategisches Projekt.

VI.

Mit der bisherigen Diskussion ist die mögliche Relevanz einer Theorie moralischer Anreize geklärt, nicht aber das Wesen und die Aktualisierung moralischer Anreize im Bereich menschlicher Praxis. Es ist wichtig zu verstehen, dass damit zwei verschiedene Fragestellungen aufgeworfen sind. Die erste Frage lautet: Was sind moralische Anreize? Die zweite lautet: Warum folgen Akteure diesen Anreizen? Dem aufmerksamen Leser wird an dieser Stelle auffallen, dass diese Unterscheidung auch deshalb wichtig ist, weil sie die Erklärung dafür liefert, warum Akteure moralischen Anreizen im Hinblick auf ökonomische und rechtliche Wirkungen folgen können, ohne dass damit moralische Anreize zu ökonomischen oder rechtlichen Anreizen mutierten. Es scheint mir gerade die Vermischung dieser beiden Fragen zu sein, die in der Vergangenheit immer wieder dazu geführt hat, dass die erforderlichen theoretischen Überlegungen zu diesem Thema nicht in genügendem Umfang vorangekommen sind.

Gehen wir also zur ersten Frage: Was sind moralische Anreize? Es ist nach dem bisher Erörterten nicht weiter verwunderlich, dass sich die

Literatur zu diesem Thema in engen Grenzen hält und außerordentlich heterogen ist. Wenn man die Sache auf einen knappen Nenner bringen will, dann findet sich im Wesentlichen eine eher zögerliche Erörterung des Themas in der Ökonomik, den Politikwissenschaften und in der Theorie öffentlicher Güter. In diesen Disziplinen sind moralische Anreize in der Regel differenztheoretisch definiert, das heißt es wird angenommen, moralische Anreize sind i) keine ökonomischen (materiellen, extrinsischen), sondern ii) immaterielle und intrinsische Anreize. In Abgrenzung zu *materiellen* Anreizen wie Güter oder Einkommen[153] werden moralische Anreize als *immateriell* definiert. Brennan/Pettit[154] sprechen vom virtuellen Charakter des Strebens nach Achtung. Im Wesentlichen handelt es sich dabei um die leistungsbezogene Zuweisung von Achtung, entweder als eigenständiges Handlungsziel in einer „economy of esteem" (Brennan/Pettit) oder für die Erbringung eines öffentlichen Gutes oder für regelkonformes Verhalten. Die Unterscheidung „materiell/immateriell" spielte ebenfalls eine gewisse Rolle bei der komparativen Erforschung ökonomischer Systeme, also etwa Kapitalismus (materielle Anreize) und Sozialismus (immaterielle Anreize).

Weiterhin werden *extrinsische* und *intrinsische* Anreize unterschieden. Die ersteren werden dem Bereich der Ökonomie zugeordnet, während die letzteren eine Motivationshaltung zur Normbefolgung markieren, die gerade nicht ökonomisch sein soll.[155] Dieses intrinsische Motiv wird um seiner selbst willen befolgt und kann nicht oder nicht vollständig durch extrinsische Anreize ersetzt werden. Mehr noch: Die Dominanz extrinsischer Motive kann zur Zerstörung intrinsischer Motive führen.[156] Dass ein intrinsisches Motiv um seiner selbst willen befolgt wird, meint, dass es „nicht nur aufgrund externer Belohnung oder zur Vermeidung negativer Sanktionen befolgt"[157] wird. Man sollte beachten, dass hier das Motiv „um seiner selbst willen" durch ein anderes – „Ablehnung externer Belohung" oder „Vermeidung von Sanktion" – erklärt wird, nicht aber an sich selbst.

---

[153] Vgl. Frey 1997; Hardin 1990; Goulet 1994.

[154] 2004, S. 42 ff.

[155] Vgl. Kreps 1997.

[156] Vgl. Osterloh/Frey 2000; Frey/Jeger 2001.

[157] Opp 1997, S. 93.

Eine weitere Variante[158] der Charakterisierung moralischer Anreize
betont, dass immer dann von moralischen Anreizen die Rede sein könne,
wenn Akteure unter Missachtung ihrer Eigeninteressen und unter Anlei-
tung einer altruistischen Motivation ein öffentliches Gut erstellen.
Wenn wir die Problematik der Behauptung unerörtert lassen, dass moralisches Verhalten immer dann vorliegt, wenn Eigeninteresse aus altruistischen Gründen missachtet oder gar geschädigt wird, dann lassen sich
diese Unterscheidungen in Form einer Anreizmatrix einordnen.

Abb. 11: Anreizmatrix I

Anreize	extrinsisch	intrinsisch
ökonomische	materielle Anreize	
moralische		immaterielle Anreize

Die Schwächen der angeführten Definitionen fallen mit Hilfe der Matrix
sofort ins Auge.
    Erstens: Es wird nicht klar zwischen Motivation und Anreiz unter-
schieden, sondern beide Begriffe werden synonym verwendet. In der hier
vorgetragenen Argumentation unterscheide ich zwischen der Motivation
als einem handlungstheoretischen Begriff und dem Anreiz als einem
strukturtheoretischen Begriff. Motivation bezieht sich auf intrinsische
(Instinkt oder Wunsch) Gründe für Handlungen, Anreize bezeichnen die
Relation zwischen intrinsischen und extrinsischen Gründen oder Ursachen für Handlungen. Ich werde darauf noch zurückkommen.
    Zweitens: Es ist wenig einsichtig, von der Nicht-Existenz extrinsi-
scher moralischer Anreize auszugehen. Achtung, Missachtung oder Anerkennung von anderen Akteuren sind moralische Anreize und werden
extern zugewiesen.[159] Sie können nicht intern von einem Akteur sich
selbst „um ihrer selbst willen" verliehen werden. Auch muss man festhalten, dass immaterielle ökonomische Anreize durchaus eine bedeutende Rolle spielen, denn Motive wie nicht-pekuniärer Nutzen, Befriedi-

---

[158] Vgl. Kirchgässner 1999.
[159] Vgl. Tugendhat 1993.

gung von Eigeninteresse, aber auch die Identifikation eines Akteurs mit
sich selbst oder einer Organisation sind intrinsischer und zugleich ökonomischer Natur. Die Vervollständigung der Anreizmatrix zeigt daher
die folgende Formel:

Abb. 12: Anreizmatrix II

Anreize	extrinsisch	intrinsisch
ökonomische	materielle (Einkommen, Güter, Preise, ...)	immaterielle (Nutzen, Eigeninteresse, Identifikation, ...)
moralische	immaterielle (Achtung, Missachtung, Anerkennung, ...)	immaterielle (habitualisierte Pflichten, Normen, Tugenden, ...)

Die Anreizmatrix II zeigt, dass moralische Anreize zwar immer immateriell, aber nicht zwingend intrinsisch sein müssen im Sinne eines habitualisierten Verhaltensmotivs, dem um seiner selbst willen gefolgt wird.
Die herkömmliche Annahme eines intrinsischen Charakters moralischer
Anreize kann sich auf eine Philosophietradition stützen, die von Hume
bis Kant reicht. Gemeinsam ist dieser die Annahme, dass Akteure nicht
durch äußere Ereignisse dazu überredet oder gezwungen werden müssen,
sich den Erfordernissen der Moral anzupassen. Es wird angenommen,
dass die Befolgung moralischer Gebote mehr oder weniger eine Art anthropologische Konstante menschlicher Existenz sei. Die philosophische
Tradition geht, mit den Worten John Rawls, in der Mehrzahl davon aus,

> „dass wir so veranlagt sind, dass wir von Natur aus genügend Motive
> haben, die uns zum gebotenen Handeln führen, ohne dass äußere
> Sanktionen notwendig wären, jedenfalls keine Sanktion in der Form
> von Belohnung oder Strafen, die von Gott oder dem Staat gespendet
> oder verhängt werden. Im Grunde sind sowohl Hume als auch Kant
> soweit wie möglich von der Ansicht entfernt, nur wenige seien zu mo-
> ralischer Erkenntnis befähigt und alle oder die meisten Menschen

müssten mit Hilfe solcher Sanktionen dazu gezwungen werden, das Rechte zu tun."[160]

Die Grundlage der Annahme habitualisierter Normbefolgung liegt also in einer Mischung aus anthropologischen und erkenntnistheoretischen Setzungen. Die moralische Sache um ihrer selbst willen zu befolgen bedeutet daher nichts weiter als die Annahme, dass Menschen von Natur aus so determiniert sind, dass der moralischen Erkenntnis auch ein moralisches Handeln entspricht oder zumindest doch entsprechen kann oder sollte.

Bei Licht betrachtet ist allerdings auch diese Konstruktion alles andere als ein Befolgen der Moral um ihrer selbst willen. Denn erstens würde mit dem naturgemäßen oder habitualisierten Befolgen von moralischen Regeln selbst ein instinktives Motiv befriedigt, nämlich das, in Einklang mit seiner natürlichen Veranlagung oder seinem Habitus zu leben. Weiterhin wäre dabei zu beachten, dass der Zusammenhang zwischen naturgemäßer und erkenntnistheoretischer Veranlagung und Habitualisierung durch Erziehung und andere Formen sozialen Lernens vermittelt wird, der selbst den Regeln positiver und negativer Sanktionen, materieller und immaterieller Anreize unterworfen ist. Es zeigt sich an dieser Stelle, dass die Unterscheidungen der Anreizmatrix II nur analytischer Natur sind, die nicht handlungs-, sondern strukturtheoretisch durchgehalten werden können. Schließlich bleibt festzuhalten, dass sich hinter der hier erörterten Auffassung eine Vermischung der beiden Fragen, nämlich was moralische Anreize sind und was der Weg ihrer Aktivierung ist, verbirgt. Genau genommen wird die erste Frage – Was sind moralische Anreize? – mit der zweiten Frage nach dem Modus ihrer Aktivierung – nämlich um ihrer selbst willen befolgt zu werden – beantwortet. Diese Verquickung ontologischer Statusfragen mit prozeduralen Aktivierungsmechanismen ist nach meinem Dafürhalten, wie bereits erwähnt, eine zentrale Ursache, warum moralische Anreize bisher so ungenügend erforscht sind.

VII.

Kohlbergs Psychologie der Moralentwicklung bildet hier die entscheidende Ausnahme. Er unterscheidet strikt die Frage „Was macht aus einem Handeln moralisches Handeln?" von der Frage „Warum kommt es

---

[160] Rawls 2002, S. 37 f.

überhaupt zu moralischem Handeln?"[161] Kohlbergs Thema ist bekanntlich das der Moralentwicklung bei Kindern und Jugendlichen bis hin in
das Erwachsenenalter. Als Handlungstheoretiker versteht er unter moralischer Motivation die Einheit von moralischem Urteil und Handeln.
Kohlbergs Forschungsgegenstand ist „the study of the relation of the
development of moral thought to moral conduct and emotion."[162] Seine
Definition moralischer Motivation als emotionaler Akt der Selbstbindung
an die Erfüllung moralischer Normen, weil deren Erfüllung das Rechte
ist[163], verweist zugleich auf den Wunsch, eine moralische und integre
Person zu sein.[164] Diese Andockung der Motivation an die Emotion entspringt dem theoretischen Interesse, die moralische Motivation im Bereich des Nichtberechnenden und des Unkalkulierten zu verankern. Moral als in einer nichtökonomischen Entität verankerte Motivation lässt
sich mit Kant als Gesinnung oder psychoanalytisch als Verhaltensprä-
gung reformulieren.

Ohne transzendentale Prämissen, aber ebenfalls handlungsorientiert
argumentiert Tugendhat zu diesem Punkt. Er unterscheidet zwischen „na-
türlicher" Motivation zu moralischen Handlungen, wie Sympathie, Mit-
leid oder Nützlichkeit, die zu einer „genuinen Moral" führt, und der Motivation einer „kontraktualistischen Moral", die, so Tugendhat, über eine
„gestutzte Form von Moral" nicht hinauskommt.[165] Allerdings verteidigt
er diese moralische Stutzform als gerechtfertigt, weil es für die Kooperation eigeninteressierter Akteure rational sei, sich einem System von
Regeln zu unterwerfen. Gleichzeitig verweist er auf die Mängel des Kon-
traktualismus, die er hauptsächlich darin sieht, dass dessen Erzwingung
sich wesentlich auf äußere Sanktionen und nicht auf die moralische Empörung Identität anstrebender Akteure bezieht. Kognitive Ethiken sind
für ihn „ohne jeden motivationalen Wert".[166] In der Folge argumentiert
Tugendhat dann konsequenterweise dafür, den moralischen Kontraktua-
lismus mit einer auf Identität abstellenden genuinen Moral zu fundieren.

---

[161] Kohlberg/Candee 1999: 16.

[162] Kohlberg 1963, 6: 12.

[163] Nunner-Winkler 1993: 278 ff., 291 ff.

[164] Blasi 1984.

[165] Tugendhat 1999, S. 44.

[166] Ebenda, 34.

„Können wir nicht sagen, dass es im Interesse aller liegt, zu wünschen, dass jeder ein Gewissen hat (Gefühle von Scham/Schuld und Empörung) in Beziehung auf jene Normen, die der kontraktualistische Standpunkt hervorbringen konnte? Ja, das können wir, aber es ist hoffnungslos zu versuchen, diese voll entfaltete Moral auf kontraktualistische Überlegungen zu gründen." [167]

Moral gründet sich für Tugendhat motivational nicht auf Nützlichkeitserwägungen, sondern auf Identität, deren Verletzung durch moralisch abweichendes Verhalten zu Scham und Empörung führt. In der Sprache der Governanceethik handelt es sich dabei um ein Regime doppelter Selbstbindung (IS), das sich sowohl auf „genuine" als auch auf „gestutzte" Moral stützt. Die Governanceethik teilt die Ansicht, dass mit der rationalen Begründbarkeit einer moralischen Regel oder deren einsichtigen Verinnerlichung wenig gesagt ist über die Wahrscheinlichkeit und die Qualität ihrer Realisierung in einer Handlung. Auch unterstützt sie die Auffassung, dass sich die Erzwingung von Moral nicht einfach auf Nützlichkeitsvorstellungen oder Eigeninteressen zurückführen lässt, sondern der Integrität der Identitätsansprüche individueller und kollektiver Akteure bedarf. Gerade darin besteht die philosophische Substanz der Rede von der Vollständigkeit und Notwendigkeit der Governancefunktion.

Kohlberg grenzt sich bei der Beantwortung der Frage nach der menschlichen Moralentwicklung grundsätzlich von seinen Vorgängern ab, die auf Internalisierung abstellten. Internalisierung meint, dass Moralentwicklung bei Individuen ein Lernprozess ist, moralischen Regeln auch in Situationen zu entsprechen, in denen es keine Überwachung und keine Sanktionen gibt – dies selbst dann, wenn es einen entsprechenden Impuls geben sollte, diese Regeln zu verletzen. Die Kohlbergsche Theorie ist erwachsen aus einer Kritik dieser Art naiver „Um-seiner-selbstwillen"-Theorien, weil für die Existenz einer solchen Haltung – so Kohlberg – keine validen empirischen Korrelate festgestellt werden konnten. Kohlberg änderte daher den Fokus seiner empirischen Moralforschung von Internalisierung auf Situationsabhängigkeit, das heißt die Kontextualisierung moralischer Ansprüche durch lokale Situationen. Gerade weil aus dem normativ wohlbegründeten Satz „Du sollst ehrlich sein im Geschäft" keinerlei Voraussagen auf die Realisierung dieser Norm durch

---

[167] Ebenda, 45.

Geschäftsleute möglich ist, ist die Umstellung auf lokale Kontextualisierung entscheidend, weil „die Bezugnahme auf situative Kräfte eben dies
aber leistet."[168] Die „moralische Atmosphäre" eines gegebenen Kontex-
tes[169] unterstützt für Kohlberg gleichsam den Wirkkonnex von Motivation – Urteil – Handeln und kodeterminiert das Handlungsresultat. Zur
moralischen Atmosphäre gehören in der Kohlbergschen Theorie, so die
Untersuchungen von Power/Reimer, die Werte der eigenen Gesellschaft,
die eigene Position in der Gesellschaft, die innere Stärke, nach Überzeugungen zu handeln und die Bedeutung der situativen Stärke der Zielkonflikte einer Person. Die Förderung einer moralischen Atmosphäre war es
auch, die Kohlberg mit seiner pädagogischen Konzeption einer „just
community"[170] im Auge hatte.

Kohlbergs Abstellen auf Situationen deckt sich mit der Betonung lokaler Gerechtigkeit und einer „economies of atmosphere" durch die Governanceethik. Darin ist reflektiert, dass die Kenntnis und Bejahung moralischer Überzeugungen oder Einstellungen noch keineswegs zu einem
moralischen Handeln führen, sondern dass dies vom Grad der Simultanität der individuellen (IS) und institutionellen und organisationalen Pa-
ramter (IF, FI, OKK) einer Governancestruktur für eine bestimmte
Transaktion abhängig ist. Gerade die Experimente Kohlbergs zeigten,
dass Personen, die Unehrlichkeit für sehr schlimm halten oder ablehnen,
in den Experimentalsituationen mit gleicher Wahrscheinlichkeit lügen
wie solche Personen, die diese moralischen Gebote nur mit Einschrän-
kungen hinzunehmen bereit sind.

Die Forschungen Kohlbergs führten im Ergebnis zu den bekannten
sechs Stufen moralischer Entwicklung, die allerdings konsequenterweise
nicht sequentiell im Sinne eines fortschreitenden Internalisierungsprozes-
ses verstanden werden können, sondern situativ. Situativ meint, dass es
eine Relation gibt zwischen einem sozialen Kontext und der Aktivierung
unterschiedlicher Moralstufen.

> „Die Rangfolge der Moralstufen repräsentiert nur eine Hierarchie be-
> stimmter Situationen. Niemand wird beim Feilschen auf einem orien-
> talischen Basar mit Stufe sechs argumentieren, so wie ja auch niemand

---

[168] Kohlberg 1996, S. 11.
[169] Power/Reimer 1993: 293 ff.
[170] Ebenda 295.

die formalen Operationen im Sinne von Piaget benutzt, um ein Auto zu steuern oder ein Bild zu malen. Eine mitreißende Novelle schreiben oder einen wirklich guten unanständigen Witz erzählen zu können, erfordert die Fähigkeit, die unteren moralischen Urteilsstufen mitverwenden zu können; die Unfähigkeit, sich in diese Stufen hineinzudenken, ist das Zeichen des selbstgefälligen Pedanten und Tugendwächters." [171]

Soziale Akteure sind daher zu moralischer Regression, also zur Aktivierung niedriger Moralstufen im Kohlbergschen Sinne, fähig und müssen dies auch als soziale Wesen sein. In der Erarbeitung der sechs Stufen moralischen Urteilens selbst unterscheidet Kohlberg daher sehr genau zwischen dem, was normativ gesehen moralisch ist, und den Gründen, das normativ Begründete zu realisieren – oder eben auch nicht. Eine knappe Zusammenfassung seiner Argumentation liefert folgendes Bild:[172]

Das Niveau I mit den Stufen 1 und 2 der präkonventionellen Moral besteht darin, Regeln einzuhalten, gehorsam zu sein, keinen Schaden zuzufügen, die Interessen anderer und die eigenen zu bedienen und einen fairen, gleichwertigen Austausch zu sichern. Gründe, diese Moral zu realisieren, sind das Vermeiden von Strafen, die Anerkennung von Macht und Autorität und die Befriedigung eigener Interessen und Bedürfnisse.

Auf dem Niveau II einer konventionellen Moral bedeutet moralisches Handeln Erwartungen zu entsprechen, sich rollenkonform zu zeigen, ehrenwerte Absichten zu haben und in Beziehungen Vertrauen, Loyalität, Wertschätzung und Dankbarkeit zu empfinden. Auf den Stufen 3 und 4 dieses Niveaus werden als Aktivierungsgründe zum praktischen Befolgen moralischer Regeln explizit moralische Anreize genannt: die Anerkennung durch andere, die Gewinnung von Zuneigung der anderen, der Glauben an die Reziprozität menschlicher Interaktion, der Wunsch, die einmal akzeptierten Regeln und deren Autorität zu erhalten und zu rechtfertigen und schließlich ein Interesse am Funktionieren der Institution „Moral" und die Befriedigung des eigenen Gewissens, das die selbst übernommenen Verpflichtungen anmahnt.

Auf dem höchsten Niveau III schließlich, dem postkonventionellen oder prinzipiengeleiteten Niveau, finden wir unter dem Gesichtspunkt moralischer Anreize ein Interesse an Gerechtigkeit, die Schätzung sozia-

---

[171] Kohlberg 1996, S. 70 f., FN 7.
[172] Vgl. Kohlberg 1996, S. 130 ff.

ler Beziehungen und den Wunsch, selbstgewählten ethischen Prinzipien zu folgen. Die Gründe, diesen Anreizen zu folgen, liegen in einem Gefühl der Verpflichtung zum Wohl und zum Schutze der Rechte aller Menschen, in einem utilitaristischen Kalkül der Erzielung eines gesellschaftlichen Gesamtnutzens sowie in dem Glauben an die Rationalität moralischer Prinzipien und einer persönlichen Verpflichtung ihnen gegenüber.

Kohlbergs Niveau- und Stufendifferenzierungen zeigen sehr deutlich, dass moralische Anreize sowohl intrinsische (z.b. Rollenkonformität) als auch extrinsische (z.b. Anerkennung von Macht) Merkmale aufweisen und einem Prozess der simultanen Governance von Selbst- und Fremdbindung (Interesse an Gerechtigkeit/Vermeidung von Strafen) unterworfen sind.

Wenn wir also moralische Anreize mit Kohlberg als immaterielle definieren und sie zusammenfassen als „das zu tun, was rechtens ist" in einem gegebenen lokalen Kontext, dann lässt sich diese Definition wie folgt spezifizieren: „Rechtens" ist auf der Ebene immaterieller Anreize: i) der Gehorsam gegenüber Regeln, ii) Fairness als gerechter Interessenaustausch, iii) Rollenerwartungen zu entsprechen, iv) in sozialen Beziehungen Loyalität, Wertschätzung und Dankbarkeit zu empfinden, v) Pflichten zu erfüllen, vi) ein allgemeines Interesse an Gerechtigkeit in sozialen Vertragsbeziehungen und vii) die kognitive Konsonanz bei der Befolgung selbstgewählter ethischer Prinzipien. Mit Blick auf die Frage, was die intrinsischen und extrinsischen materiellen und immateriellen Erträge dieser Anreize sein können, finden wir i) Vermeidung von Strafe, ii) Akzeptanz überlegener Macht und Autorität, iii) Verfolgung eigener Interessen und Bedürfnisse, iv) Anerkennung und Zuneigung von anderen, v) die Schaffung von Erwartungssicherheit gesellschaftlicher Regeln, vi) die Wertschätzung sozialer Bindung zum eigenen und zum Nutzen aller und schließlich vii) eine Präferenz für intersubjektiv geteilte universale moralische Prinzipien.

Interessant in diesem Zusammenhang ist, dass die höchste Stufe dieser Kohlbergschen Moral, nämlich die Stufe 6, von keiner der getesteten Personen, die längsschnittlich untersucht wurden, erreicht wurde.[173] Die Stufe 6 entspricht noch am ehesten jener philosophischen Moraldiskussion, die moralische Prinzipien aus intellektueller Einsicht und um ihrer

---

[173] Ebenda, 301.

selbst willen befolgt sehen will. Sie hat im System Kohlbergs im Wesentlichen eine methodologische Funktion, sie ist die theoretische, begriffliche Formulierung einer höchsten Stufe, die den Maßstab für die darunter liegenden fünf Stufen liefert. Empirisch, um es noch einmal zu wiederholen, konnte diese Stufe nicht verifiziert werden.

> „Unsere Längsschnittdaten verhalfen uns aber bis zum jetzigen Zeitpunkt nicht zu dem Material, das nötig wäre, unsere Hypothesen zu verifizieren oder eine ausführliche Beschreibung für das Auswertungsmanual zusammenzustellen, die die zuverlässige Identifikation einer Stufe 6 ermöglichen würde."[174]

Als Ergebnis der Diskussion in diesem Kapitel halten wir daher fest, dass moralische Anreize ausschließlich immaterieller Natur sind, während ökonomische Anreize sowohl immaterieller als auch materieller Natur sein können. Moralische Anreize sind Werte wie Achtung, Anerkennung, Präferenz für Regeleinhaltung, Gehorsam, Loyalität, Wertschätzung, Dankbarkeit, Pflichterfüllung, Prinzipienkonsistenz – die entweder im sozialen Tausch auf einen Akteur durch einen anderen Akteur für konformes Verhalten oder durch Selbstbeobachtung durch diesen selbst zugewiesen werden. Ersteres nenne ich die Fremdreferenz moralischer Anreize, zweiteres nenne ich die Selbstreferenz moralischer Anreize. Moralische Anreize in der Form der Zurechnung durch Selbstwahrnehmung oder Selbstkonsistenz und Fremdwahrnehmung oder Sozialkonsistenz kann auf individuelle und kollektive Akteure hin erfolgen. Der Anreiz besteht genauerhin darin, dass Handeln oder Verhalten, das moralischen Werten wie den oben erwähnten folgt, geschätzt und belohnt wird, weil und insoweit deren Legitimität in einer individuellen oder kollektiven Person und in einer Gesellschaft verankert ist. Moralische Anreize sind ihrem Wesen nach immateriell, aber kontextualisiert und in lokalen Situationen können sie materielle und immaterielle Erträge liefern, weil und insoweit sie Handeln und Verhalten determinieren. Das ist der Grund, warum die Governanceethik sich prominent für die ökonomischen Konsequenzen moralischer Kommunikation interessiert und diese nicht mit einer „Instrumentalisierung der Moral durch die Ökonomie" verwechselt.

---

[174] Ebenda, 302.

Als ein weiteres Ergebnis der Diskussion wollen wir nun noch die entscheidenden Unterschiede zwischen moralischen und ökonomischen Anreizen und die zwischen Anreizen und Motiven festhalten.

Erstens: Ökonomische Anreize können ihrem Wesen nach immateriell und materiell sein, moralische nur immateriell.

Zweitens: Das Fundament ökonomischer Anreize sind ausschließlich selbstreferentielle Affekte, die nicht auf die Zurechnung von immateriellen Werten durch andere Akteure, sondern auf den selbstgesteuerten Zuwachs an materiellen und immateriellen Werten zielen. Moralische Anreize können sowohl selbst- als auch fremdreferentieller Natur sein und basieren in beiden Fällen auf der Zurechnung von gesellschaftlich legitimierten Werten.

Drittens: An dieser Stelle können wir die bereits erwähnte Unterscheidung zwischen Motiven und Anreizen erneut aufgreifen. Die Zurechnung auf Motive setzt handlungstheoretisch an, die auf moralische Anreize ist strukturtheoretischer Natur. Wer daher moralische Anreize als ausschließlich intrinsische definiert, redet nicht über Anreize, sondern über eine Motivation. Moralische Motivation wird transformiert zu moralischen Anreizen, wenn sie intrinsisch oder extrinsisch gesteuert wird in einem gegebenen Kontext und dabei sowohl auf Selbst- als auch auf Fremdreferenz verweisen kann. Genau in dieser Verschränkung vollzieht sich die Strukturierung moralischer Anreize, und genau dies definiert sie.

VIII.

Warum folgen Akteure moralischen Anreizen? Auch mit Blick auf diese Frage hat die Diskussion der Kohlbergschen Stufen der Moralentwicklung eine ganze Reihe von Aktivierungsmechanismen offengelegt, die zusammengefasst mit negativer oder positiver Sanktionierung beschrieben werden können. Im Unterschied zum immateriellen Charakter moralischer Anreize können die Mechanismen ihrer Aktivierung durchaus auf materielle und immaterielle Erträge zurückgreifen. Als Beispiel für die letzteren seien kognitive Konsonanz, Zuneigung, Gefühle und Gewissen angeführt. Für die materiellen sei auf akteursexterne Bestrafungsmacht, akteursinterne Bedürfnisbefriedigungsstrategien und die Realisierung von Nutzenvorstellungen verwiesen.

Ganz im Kohlbergschen Sinne wollen wir zwischen dem ontologischen Status und der Prozessdimension, also zwischen moralischen Anreizen und dem Mechanismus ihrer Befolgung/Nichtbefolgung unterscheiden. Damit es überhaupt zur Befolgung moralischer Anreize kommen kann, geht die Governanceethik, wie die Diskussion über die Tugend und die Überlegungen Tugendhats gezeigt haben, davon aus, dass Akteure eine emotional-moralische Motivation (den Willen, das Rechte zu tun) und ein Bedürfnis nach Wertschätzung (Vermeidung von Scham, Gewissen) haben. Diese Wertschätzung existiert wiederum in zwei Varianten, und Menschen können auf keine der beiden verzichten: Wertschätzung durch andere und Selbstwertschätzung. Ohne Selbstwertschätzung gelingt sozialen Akteuren keine Identitätsbildung; ohne Identitätsbildung sind sie nicht in der Lage, kooperative soziale Akteure zu sein. Ohne Kooperationsfähigkeit aber gibt es keine Wertschätzung durch andere. Letztlich ist es daher die Befriedigung des Bedürfnisses nach Selbstachtung und Fremdachtung, die – governanceethisch gesprochen – das grundlegende Motiv zur Befolgung moralischer Anreize bildet. Ökonomische Anreize wirken auf ein Habenwollen, moralische Anreize auf Identität. Damit ist das handlungstheoretische Motiv (den Willen, das Rechte zu tun) in den strukturellen Zusammenhang gelingender menschlicher Kooperation gestellt. Kooperation setzt Akteure mit gelungener Identitätsbildung voraus, die sowohl sich selbst als auch anderen gegenüber Achtung und Anerkennung empfinden – sei es als menschliches Wesen, als Bürger oder aber eben als Mitglied eines Kooperationsprojektes wie etwa ein Unternehmen der Wirtschaft. Akteure, die die moralischen Spielregeln der Kooperation auf den verschiedenen Ebenen der Gesellschaft einhalten und entwickeln – sei es aus Gründen der Selbstidentität und des Rechten, sei es aus Gründen, einen Beitrag zur sozialen Erwartungssicherheit zu leisten –, ermöglichen damit vermehrte wirtschaftliche Tauschbeziehungen und vertiefte Arbeitsteilung mit den entsprechenden Wohlfahrtseffekten auf allen Seiten.

Moralische Anreize, um es auf eine Definition zu bringen, sind moralisch codierte Wertschätzungen, welche die Werte, um derentwillen man geschätzt werden will oder sich selbst schätzt, in Erscheinung treten lassen, mit Leben erfüllen und damit bestätigen. Das ist der Grund, und dieses nur in Parenthese, warum die Governanceethik im Anwendungsbezug von Wertemanagementsystemen und nicht von Ethikmanagementsystemen spricht. Solche Managementsysteme konstituieren und aktivieren nämlich nicht „die Ethik", sondern ein System moralischer Wertschätzung. Es ist daher gerade die Wertesensibilität des Governancemechanismus „Wertemanagementsystem", die dafür sorgt, dass individuelle und kollektive Akteure moralischen Anreizen folgen können und auch folgen. Während es für individuelle Akteure nur eine Governancestruktur von vielen ist, ist es für kollektive Akteure die einzige Struktur (OKK), über die sie verfügen, um moralische Anreize zu kodifizieren und zu realisieren und sich dadurch als Akteur mit moralischer Identität zu konstituieren und zu entwickeln. Wertesensibilität kann nämlich auf der Ebene des individuellen Akteurs auch auf Erziehung oder religiösen Überzeugungen beruhen; bei kollektiven Akteuren ist sie eine Funktion der Implementierungsqualität von Wertemanagementsystemen und deren Audits[175] oder mit anderen Worten, der immanenten moralischen Qualität ihrer Governancestrukturen.

Die Autonomie der Funktionssysteme erklärt, warum der Begriff moralischer Anreize seine Wirksamkeit ausschließlich auf der Ebene von Organisations- und Personensystemen finden kann, nicht aber auf der Ebene von Funktionssystemen. Das ökonomische System des Marktes generiert keine moralischen Anreize, sondern nur ökonomische, die allerdings moralische Konsequenzen auf der Ebene kollektiver und individueller Akteure haben können. Ursache und Wirkung dürfen hier nicht in eins gesetzt werden.

Was jetzt noch geklärt werden muss ist, in welcher Form diese Anreize in den Organisationen der Wirtschaft anfallen. Ich habe dafür, wie bereits erwähnt, die Begriffe des *moralischen Gutes* und der Moralgüter vorgeschlagen. Knapp formuliert läuft der Begriff der moralischen Güter darauf hinaus, dass Wertschätzungen als Bestandteile eines marktfähigen Gutes mit zugewiesen werden. Gerade weil Wertschätzungen knapp sind und keinen Preis und keine tauschbaren Eigentumsrechte haben und deshalb nicht marktfähig sind, bedarf es der Ankopplung moralischer Güter an marktfähige Güter und Transaktionen. Verallgemeinert formalisiert und in die Struktur der Governanceethik integriert wird der Begriff der moralischen Güter in der Figur Tm gefasst, also der moralischen Dimension einer ökonomischen Transaktion, mit deren Gelingen sich ökonomischer Wert und moralische Wertschätzung simultan alloziieren. Davon zu unterscheiden sind *Moralgüter*, die in sich selbst eine moralische Dimen-

---

[175] Vgl. hierzu Wieland/Grüninger 2000, Fürst/Wieland 2004a.

sion haben. Auch sie können den Indikator m einer gegebenen Transaktion T bilden. Diesen Typus gilt es jetzt zum Abschluss der Untersuchungen dieses Kapitels genauer zu betrachten.

IX.

Ich habe an anderer Stelle die moralische Dimension einer wirtschaftlichen Transaktion Tm als „moralische Disposition und Ansprüche an
wirtschaftliche Transaktionen" definiert, „die entweder aus einer Selbstverpflichtung des jeweiligen Akteurs oder aber aus vorrangigen, gesellschaftlich akzeptierten Überzeugungen legitimiert sind."[176] Diese Definition ist so geschnitten, dass sich damit die Analyse moralischer Güter
und Moralgüter mit der Diskussion moralischer Anreize verknüpfen lässt.
Es geht um den moralischen Charakter von Gütern oder Dienstleistungen
einerseits und um den moralischen Charakter eines Kooperationsprojektes zur Erstellung solcher Güter und Dienstleistungen andererseits. Be-
ginnen wir mit der Güterdimension.

Die ökonomische Theorie unterscheidet Suchgüter, Erfahrungsgüter
und Vertrauensgüter.[177] Differenzkriterium ist dabei der Grad an unvollständigen Informationen und Erwartungsunsicherheit über die Beschaffenheit des Gutes oder der Dienstleistung. Suchgüter bieten in dieser
Hinsicht die wenigsten Probleme, da sie durch einfache Inspektion von
Qualität und Preis geprüft werden können. Die Eigenschaften von Erfahrungsgütern wie Lebensmittel, Autos oder Weiterbildungsmaßnahmen
sind erst durch die Nutzung, also nach dem Erwerb, sicher festzustellen.
Hier steigt das Opportunismusrisiko für den Käufer an. Das gilt für Vertrauensgüter in einem noch höheren Maße, weil der Konsument des
Gutes oder der Dienstleistung auch nach dem Erwerb oder der Nutzung
nicht deren Qualität mit hinreichender Sicherheit prüfen kann. Dazu feh-
len ihm, wie etwa bei Arzt- oder bestimmten Gelddienstleistungen, einfach Kompetenz und Information. Während aber bei Erfahrungsgütern
gelungene Markenbildung als Kompensation für die Unsicherheit auf
Seiten des Konsumenten ausreicht, müssen die Anbieter von Vertrauens-

---

[176] Wieland 2001b, S. 9.
[177] Grundlegend Wieland 1996 und Wieland/Fürst 2004, 2005.

gütern in Reputation für Integrität, also für moralische Präferenzen, investieren.

Die Governanceethik führt eine vierte Art von Gütern ein, nämlich die der Moralgüter. Anders als wirtschaftliche Güter, an die sich eine moralische Wertschätzung andockt, sind Moralgüter endogen moralischer Natur. Humankapital, legale Drogen, Kernkraftwerke, gentechnisch veränderte Nahrungsmittel oder Gesundheitsdienstleistungen sind Beispiele für Moralgüter. Sie unterscheiden sich von Vertrauensgütern vor allen Dingen dadurch, dass ihre Legitimität, also gesellschaftliche Akzeptanz, erst erzeugt und dann permanent erneuert werden muss. Bei Moralgütern zählt also nicht alleine das Preis-Leistungs-Verhältnis oder eine gelungene Markenreputation, sondern ihre ethische Legitimität. Kernkraftwerke sind nicht allein mit dem Hinweis auf effiziente Stromversorgung und den guten Ruf des Betreibers durchzusetzen, sondern bedürfen der gesellschaftlichen Legitimität, weil sie mit Problemen wie etwa dem der Entsorgung von Brennstäben verknüpft sind, die einen massiven Einfluss auf die Lebensbedingungen zukünftiger Generationen und der gesamten Gattung Mensch nehmen können. Arbeitsverträge sind systematisch und notwendigerweise unvollständige Verträge und daher nicht allein über Kontrolle und Anreize zu erzwingen, sondern müssen durch Achtung, Anerkennung und die Zuweisung anderer Statusgüter realisiert werden. Dies nicht zu sehen ist ein schwerer Managementfehler, der ökonomische Konsequenzen haben kann.

Informations- und Erwartungsunsicherheit sind wichtige Merkmale von Moralgütern, Legitimität und Akzeptanz aber sind entscheidend. Damit ist auch gesagt, dass Unternehmen als vertraglich konstituierte Kooperationsprojekte immer eine moralische Dimension haben. Es scheint einsichtig, dass Unternehmen, die Vertrauens- oder Moralgüter im Markt anbieten, einen größeren Bedarf an moralischer Achtung (Wertschätzung) haben als etwa die Hersteller von Suchgütern. Dieser Achtungsbedarf gilt sowohl im Innern zur Motivierung der Kooperationsteilnehmer als auch nach außen im Hinblick auf Konsumenten und andere gesellschaftliche und politische Akteure. Unternehmen werden daher ihr strategisches und operatives Management mit moralsensitiven Governancestrukturen umzusetzen suchen. Dabei sollten allerdings die unterschiedlichen Prüfverfahren und Prüfkriterien beachtet werden.

Abb. 13: Güter, Dienstleistungen und Moral

Güter-/Dienst-leistungsart	Prüf-verfahren	Prüf-kriterium	Beispiel
Suchgüter	Inspektion	Qualität (Preis)	Kleidung Schrauben
Erfahrungsgüter	Nutzung	Qualität (Preis)	Lebensmittel Autos
Vertrauensgüter	Reputation	Integrität	Arzt, Gelddienst-leistungen
Moralgüter	Legitimität	Akzeptanz	Humankapital Kernkraftwerke

Ob ein Gut oder eine Dienstleistung ein Vertrauensgut ist oder nicht, ergibt sich aus seiner Eigenschaft mit Blick auf Informations- und Erwartungssicherheit. Ob etwas ein Moralgut ist oder nicht, ergibt sich aus dem Ergebnis diskursiver gesellschaftlicher Bewertungen. Das hat zur Konsequenz, dass faktisch alle Güter zu Moralgütern werden können, nämlich dann, wenn sie zum Gegenstand moralischer Diskurse in der Gesellschaft werden. Die Erörterung der Sozialverträglichkeit der Herstellung von Kleidung oder der Umweltverträglichkeit von Autos macht aus Such- und Erfahrungsgütern schlagartig Moralgüter. Es ist daher die Aufgabe eines nachhaltigen Managements, diesem Gesichtspunkt gebührende Aufmerksamkeit zu schenken. Dabei spielt es keine Rolle, ob die Strategie des Managements darauf abzielt, das Abdriften von Such- und Erfahrungsgütern in den Bereich von Moralgütern zu verhindern oder umgekehrt selbst die moralische Positionierung dieser Güter durch Kontextwechsel proaktiv anzustreben. Die Tabakindustrie mit ihren Suchtprodukten ist in dieser Hinsicht ein Beispiel. Sicherlich wäre es aus der Sicht dieser Branche wünschenswert, wenn ihre Güter im Bereich der Erfahrungsgüter angesiedelt wären und nicht, wie es heute der Fall ist, im Bereich der Moralgüter. Darauf können die soeben erwähnten unterschiedlichen Strategien aufbauen. Die eine besteht darin, die Entwicklung vom Such- zum Moralgut um jeden Preis zu verhindern (etwa durch Lifestyle-Werbung oder politische Lobbyarbeit), die andere kann darin bestehen, die moralischen Qualitäten der Suchgüter hervorzuheben, diese strategisch und operativ im Geschäftsalltag umzusetzen und auf dieser Grundlage für deren Legitimität zu werben. Wie dem auch immer sei, Wertemanagementsysteme und deren glaubwürdige Sicherstellung sind in beiden Varianten geeignete Mechanismen, moralische Wertschätzung des Unternehmens für Konsumenten oder Bürger mittels Wirtschaftsgütern, auf der Grundlage der Ergebnisse gesellschaftlicher Moraldiskurse zu alloziieren. Umgekehrt sind sie auch ein Mechanismus, die Wertschätzung der Konsumenten und Bürger für die Produzenten solcher Güter auf diese zu alloziieren und ihnen damit die „licence to operate" bis auf weiteres zu erteilen. Dies ist ein Beispiel für die in diesem Buch weiter vorne vertretene Ansicht, dass Unternehmen Moral als strategische Position nutzen können, die zur Schaffung neuer Märkte führen kann.

Gerade die zuletzt angestellten Überlegungen schlagen die Brücke zwischen der Diskussion moralischer Güter, Moralgüter und der Diskussion moralischer Anreize. Beide Güterarten (moralische Güter/Moralgüter) bilden die moralische Dimension einer wirtschaftlichen Transaktion und der damit einhergehenden möglichen Zuweisung/Nichtzuweisung von Wertschätzung als moralischem Anreiz. Denn bei der Allokation/Nichtallokation von Wertschätzung geht es nicht alleine um die Eindämmung von Informations- oder Risikoeigenschaft und die moralische Qualität eines Gutes oder einer Dienstleistung, sondern um den gesamten Kooperationsprozess, der mit der Durchführung wirtschaftlicher Transaktionen anfällt. Mit anderen Worten, es ist die moralsensitive Gestaltung der gesamten Governancestruktur, die einerseits Ausdruck des Willens eines Unternehmens ist, „das Rechte zu tun", und die andererseits die professionelle Fähigkeit dokumentiert, diesen Willen auch zu realisieren. In dem von mir gewählten Beispiel der Tabakindustrie wären also moralische Anreize im Managementsystem zu implementieren, die auf „Regeln einhalten, Schadenvermeidung, Interessenausgleich, Gemeinwohlorientierung", um nur einiges aus der weiter vorne aufgestellten Kohlbergschen Liste intrinsischer und extrinsischer Erträge moralischer Anreize zu benennen, abzielen.

J. R. Commons hat 1934 die Umstellung der Bezugseinheit ökonomischer Beobachtung von Konsumgütern und Dienstleistungen auf einen abstrakten Begriff der Transaktion mit folgender Begründung vorgeschlagen:

„Thus the ultimate unit of activity which correlates law, economics, and ethics, must contain in itself three principles of conflict, dependence and order. This unit is a transaction. A transaction, with is participants, is the smallest unit of institutional economics." [178]

Die Festlegung der analytischen Bezugseinheit der Governanceethik auf die moralische Dimension einer Transaktion ermöglicht es, moralische Anreize darauf so zu beziehen, dass sie als genuiner Bestandteil wirtschaftlicher Transaktionen erkennbar werden. Moral ist dann, ganz im Sinne Kohlbergs, genuines Element und nicht nur Ergebnis ökonomischer Allokationstätigkeit.

---

[178] Commons 1934/1990, S. 58.

VI. Kapitel[*]
Die Tugend kollektiver Akteure

I.

Innerhalb der Theorie der Governanceethik ist die Annahme der Existenz kollektiver moralischer Akteure ein grundlegender und zentraler Baustein. In der Strukturform OKK stehen sie für eine zunehmend an moralischer Bedeutung gewinnende Governancestruktur moderner Gesellschaft. Und in der Tat: Die vor einiger Zeit in Deutschland geführte Diskussion um die Entschädigung von Zwangsarbeitern, die während der Herrschaft der Nationalsozialisten von deutschen Firmen ausgebeutet wurden, hat eine ganze Reihe von wichtigen wirtschaftsethischen Problemen aufgeworfen. So etwa die Frage nach der Berechtigung dieser Forderung im Hinblick auf die seit der Naziherrschaft vergangene Zeit von mehr als einem halben Jahrhundert. Aber auch im Hinblick auf die zum größten Teil nicht mehr lebenden individuellen Akteure der damals involvierten Unternehmen stellte sich die Frage, inwieweit deren Nachfolger sich moralisch in der Verantwortung befinden. Dabei ging es nie, und im Übrigen auch völlig zu Recht, um die individuellen Nachfolger, sondern um die kollektiven Akteure. Die Wahrheit, die sich hier zeigt, ist, dass auf einer rein individuellen tugendethischen Basis solche moralischen Problemstellungen wohl kaum noch zu bearbeiten wären, da der Sache nach hier kollektive Akteure oder Korporationen und gerade nicht Individuen juristisch und moralisch verantwortlich gehalten werden. Mehr noch: Moralische Zurechnung kann hier überhaupt nur noch auf kollektive Akteure gelingen, und zwar nicht nur aus biologischen Gründen. Es ist die Kombination von Dauerhaftigkeit und Verfasstheit von Organisationen, die dazu gemeinsam die Voraussetzungen für eine sinnvolle Rede über die Tugend kollektiver Akteure bilden.

Erst eine solche Perspektive erlaubt es zu erkennen, dass dieser Vorgang für moderne Gesellschaften durchaus kein Novum bedeutet. Kin-

---

[*] Dieses Kapitel ist eine überarbeitete und ergänzte Fassung von Wieland 2001d.

derarbeit, Entwicklungshilfe oder Menschenrechte – es existieren in der globalisierten Welt offensichtlich immer mehr moralische Fragen, für die den Unternehmen und gerade nicht den individuellen Akteuren der Wirtschaft potenzielle Lösungskompetenz und damit verknüpft auch Verantwortung zugerechnet wird. Spitz formuliert: Die Zurechenbarkeit auf kollektive moralische Akteure wird mehr und mehr zur Bedingung der Möglichkeit moralischer Diskurse in modernen Gesellschaften, wenn man es ernst meint mit der Ermöglichungsfunktion von Moral. Dies ist der Grund, warum wir von Corporate Social Responsibility, Corporate Citizenship und Global Compact reden und nicht von Unternehmer-, Management- und Führungsethik. Die Frage ist: Ist dies mehr als nur eine metaphorische Redeweise und wenn ja, wie lässt sie sich normativ verstehen?

Die soziologische Diskussion[179] hat gute Argumente dafür vorgetragen, dass die faktische Existenz der Unternehmen als kollektive moralische Adressaten ein Zurechnungsprodukt moderner Gesellschaften ist. Diese haben nicht nur ein Interesse daran, ihre Organisationen, vor allem die der Wirtschaft, normativ einzubinden, sondern rechnen gerade der Form Organisation wegen des dort vermuteten rational-strategischen Potentials erhöhte Verantwortlichkeit und Fähigkeit zur Realisierung moralischer Ansprüche zu. Auf einer phänomenologischen Ebene scheint daher die Moralität kollektiver Akteure unproblematisch. Diese ist ein empirisch zu konstatierendes Phänomen und basiert auf gesellschaftlichen Zurechnungsprozessen. Dieser Gesichtspunkt ist nicht zuletzt für die adressierten Unternehmen der entscheidende, da sich aus ihm eine ganze Reihe praktischer Folgerungen für die einzuschlagende Strategie und Politik eines Unternehmens, also das organisationale Verhalten, ergibt.

Dennoch wird gelegentlich der Eindruck zu erwecken versucht, als ob die gesamte europäische philosophische Tradition gegen ein solches Konstrukt „kollektiver moralischer Akteur" in Stellung gebracht werden könnte. Allerdings hat John R. Searle in einem jüngst erschienenen Aufsatz eindrucksvoll demonstriert, dass philosophisches Denken und ökonomische Theorie eine fruchtbare Verbindung eingehen können. Die Form der Unternehmung sieht er als Produkt einer öffentlichen Statuszuweisung, der es gerade nicht auf das physikalische Objekt „Unternehmung" ankommt, sondern auf deren Funktion: „Thus, by a kind of per-

---

[179] Vgl. Geser 1988.

formative declaration, the corporation comes into existence, but there need be no physical object which is the corporation. [...] This is a case where following the appropriate procedures counts as the creation of a corporation and where the corporation, once created, continues to exist, but there is no personal physical object which becomes the corporation."[180] Diese intelligible Form des Unternehmens ist zugleich, so Searle, ein Medium der sozialen Kooperation und vertraglicher Beziehungen. Es sind gerade nicht die Individuen, die das Unternehmen bevölkern, die Kooperationspartner, sondern das Unternehmen als „so-called ‚fictitious person' [...] This is an important breakthrough in human thought."[181] Es ist gerade diese Abstraktionsleistung moderner Gesellschaften, die ein wesentlicher Treiber menschlicher Zivilisation ist und, wie ich hinzufügen möchte, zu der unausweichlichen Notwendigkeit führt, kollektive Akteure als moralische Akteure zu konzipieren.

Ebenso wie der bisherige Mainstream der philosophischen Diskussion lehnt die ökonomische Standardtheorie der Firma die Forderung nach einer Corporate Social Responsibility ab mit dem Ausruf „The firm is not an individual (...) but we often make this error by thinking about organizations as if they were persons with motivations and intentions."[182] Vor diesem Hintergrund von der Tugend kollektiver Akteure zu sprechen, scheint daher abwegig. Dennoch möchte ich in diesem Kapitel den Versuch unternehmen, die dahinter stehende Konstellation zu plausibilisieren. Dass ein solcher Versuch nicht von vornherein aussichtslos scheint, kann sich vor allem auf die Art der Argumentation gegen die Rede von einem kollektiven moralischen Akteur stützen. Ich möchte dafür argumentieren, dass sie einer wissenschaftstheoretischen Überprüfung nicht Stand hält. Dies liegt vor allem an ihrem zirkulären Charakter. Die Argumentation für die Ablehnung kollektiver moralischer Akteure ist in der Regel so gebaut, dass

– die Merkmale eines individuellen moralischen Akteurs (Gewissen, Mitgefühl etc. pp.) definiert werden, dann gefragt wird,

– ob kollektive Akteure diese Merkmale teilen, um

– diese Frage zu verneinen und daraus schließlich

---

[180] Searle 2005, S. 15 f.
[181] Ebd., S. 17.
[182] Jensen/Meckling 1976, S. 311.

– die Schlussfolgerung zu ziehen, dass die Rede vom kollektiven moralischen Akteur nicht sinnvoll sei.[183]

Das Problem, das dann die Bühne betritt und das niemand bestreiten kann, besteht darin, dass Unternehmen empirisch Adressaten und Organisatoren moralischer Ansprüche aus der Gesellschaft sind. Der Einwand gegenüber diesem Faktum ist dann meist so gebaut, dass von quasi- oder (aus Individuen) abgeleiteten moralischen Akteuren gesprochen wird, weil die Realsierung normativer Handlungen noch nichts über den normativen Status des handelnden Akteurs aussage.[184] Hier findet sich erneut die bereits mehrfach erörterte Figur der Trennung von normativem Begründungsprozess (Ergebnis: nur Individuen kommen als moralische Akteure in Frage) und normativ sterilem Anwendungsprozess (Ergebnis: Organisationen können von Individuen benutzt werden). Ich habe bereits darauf hingewiesen, dass die Governanceethik *diese* Unterscheidung von normativer Begründung und instrumenteller Anwendung ablehnt, weil sie Normativität als Produkt der Kohärenz von „Begründung" und „Anwendung" oder besser, als Kohärenz distinkter Governancestrukturen sieht.

Darüber hinaus bleibt zu bemerken, dass die Tautologie des soeben entwickelten vierstufigen Argumentationsverfahrens gegen kollektive moralische Akteure evident ist, da bereits in der Fragestellung die Antwort enthalten ist. Identitätstheoretisch kann ein kollektiver Akteur nicht die Attribute eines individuellen Akteurs teilen. Wissenschaftlich fruchtbar und praktisch interessant wird die Problemstellung erst, wenn man differenztheoretisch danach fragt, was einen kollektiven von einem individuellen moralischen Akteur unterscheidet, welche zusätzlichen moralischen Optionen eine Gesellschaft mit einem solchen Konstrukt öffnen kann und in welcher Weise sich die beiden Akteursformen dabei aufeinander beziehen.

Ich entwickle daher den Begriff des kollektiven moralischen Akteurs im Folgenden differenztheoretisch. Ganz im Sinne der griechischen philosophischen Tradition wollen wir dabei unter Tugend die Bereitschaft und Fähigkeit zur Verwirklichung moralischer Werte durch angemessene Handlungen verstehen, also die Vortrefflichkeit (ökonomisch: best prac-

---

[183] Vgl. für diese Art zu argumentieren die Beiträge von Seebaß, Kettner und Maring in Wieland 2001a. Ebenfalls exemplarisch hier Kleinfeld 1998.
[184] So der Grundzug der Argumentation von Seebaß 2001.

tices) des Verhaltens und Handelns einer Organisation. Denn dass Organisationen, und hier vor allen Dingen Unternehmen, die Fähigkeit zum Handeln und zum Verhalten nicht abgesprochen werden kann, scheint unstrittig. Die Fokussierung der Tugend auf die Gesinnung von Individuen mag zwar aus kantianischer Perspektive geboten sein, aber aus sozialwissenschaftlicher Sicht lässt sich auf diesem Wege nicht das Abstraktionsniveau der Zurechnung von Verantwortung erreichen, das modernen Gesellschaften eigen ist. Freilich hatte und hat die ökonomische Theorie mit einer kantianischen Ausrichtung der Tugend auf individuelle Gesinnung keinerlei Schwierigkeiten. Sie reformuliert individuelle Tugend als Präferenz oder Metapräferenz individuellen Handelns, die dann als Restriktion gegenüber dem ökonomischen Kalkül zur Wirkung kommt.[185] In der Tat ist diese Form der Modellierung ,the main stream' in der neoklassischen Standardtheorie. Aus der Geschichte der Entwicklung der ökonomischen Theoriebildung der letzten 100 Jahre lässt sich allerdings auch lernen, dass es keinen Weg gibt von preistheoretisch modellierten Präferenzen und Restriktionen strikt individuellen Verhaltens zur Erklärung der Konstitution und des Handelns kollektiver Akteure, wie es etwa die Unternehmen der Wirtschaft sind.[186] Bis auf den heutigen Tag hat diese Strömung der ökonomischen Theoriebildung daher zu keinen adäquaten Begriff des Unternehmens als Organisation gefunden[187], was für eine Theorie, die an der Erklärung wirtschaftlichen Verhaltens interessiert ist, keine geringe Hypothek darstellt. Erst die Institutionen- und Organisationsökonomik[188] hat die theoretischen Voraussetzungen dafür geschaffen, dass Unternehmen als Organisationsformen, in denen individuelle Akteure kooperieren und damit zu einem kollektiven Akteur werden, verstanden und analysiert werden können. Man kann heute feststellen, dass innerhalb der ökonomischen Lehrbuchtheorie alle Versuche, kollektive Akteure als quasi- oder abgeleitete individuelle Akteure zu verstehen, gescheitert sind. Hin und wieder gewinnt man den Eindruck, dass die philosophische Theoriebildung gegenwärtig vor einer ähnlichen Problemlage zu stehen scheint und sich schwer damit tut, überhaupt einen theoretisch geführten Organisationsbegriff auszubilden. Unter kol-

---

[185] Vgl. Priddat 2001.

[186] Vgl. hierzu Wieland 1996.

[187] Vgl. hierzu etwa Hart 1990.

[188] Vgl. zur Übersicht hierzu Arena/Longhi 1998.

lektiven Akteuren versteht die Governanceethik hingegen konstitutionelle Kooperationsformen individueller Akteure, also Organisationsformen, seien es nun Unternehmen der Wirtschaft oder andere.

Als ihre Tugend sei ihre Bereitschaft und Fähigkeit zur Verwirklichung moralischer Werte in Handeln und Verhalten dieser Organisation – und dies schon vorweg: nicht ihrer einzelnen Mitglieder – verstanden. Die folgenden Überlegungen zielen darauf, für diese theoretische Figur die Argumente zur Verfügung zu stellen.

II.

Institutionen und Organisationen sind charakteristische Merkmale der modernen Gesellschaften. Obgleich diese beiden Begriffe gelegentlich synonym verwandt werden, ist das damit Gemeinte es nicht. Aus institutionenökonomischer Sicht sind Institutionen informale oder formale Spielregeln der Gesellschaft (also etwa nicht kodifizierte Moral und kodifiziertes Recht), die das Handeln der Menschen steuern und beschränken. Organisationen sind demgegenüber Gruppen individueller Akteure, die sich zur Verfolgung eines gemeinsamen Zieles zusammengeschlossen haben. Diese Organisationen beziehen sich auf die Institutionen der Gesellschaft. Sie handeln in ihrem Rahmen und versuchen zugleich, diese Rahmenbedingungen in ihrem Sinne zu verändern. Ich komme später auf diesen Punkt noch ausführlich zurück.

Selbstverständlich kennt auch das alte Europa informale und formale Institutionen und sich darauf beziehende Organisationen. Aber in personalen Gesellschaften, die ihre soziale Interaktion und ökonomischen Transaktionen als Austauschbeziehungen zwischen Personen codieren, die zur Reziprozität und Einfügung in vorgängige Sozialordnungen verpflichten, wirken Institutionen und Organisationen nur vermittelt über personale Qualitäten. So hat Platon nicht den geringsten Zweifel, dass eine oikonomia, in der „Regelung und Ordnung herrschen dürfte gut, eine ungeordnete schlecht sei"[189], aber der systematische Ausgangspunkt seiner Überlegungen zur oikonomia ist die Interaktion von Personen, genauer: die richtige und gelungene Führung von Menschen durch Menschen hinsichtlich der zu erfüllenden wirtschaftlichen Operationen. In

---

[189] Gorgias, 503e-504c, vgl. 520d-521b.

solchen Gesellschaften ist der Adressat wirtschaftlicher Anforderungen gleichsam natürlich die individuelle Person und deren Tugend.

Der für das europäische Ordnungsdenken paradigmatische Bezugspunkt ist hier die Wirtschaftsethik des Aristoteles. Im Ersten Buch der Politik unterscheidet er zwei Formen der privaten Organisierung des Wirtschaftens: die oikonomia als Personalrelation und die oikonomia als Wirtschaftseinheit. Im ersten Fall geht es um die richtige Führung, im zweiten Fall um den Erwerb.[190] Der normative Aspekt beider Formen des Wirtschaftens ergibt sich für Aristoteles aus der anthropologischen Bestimmung des Menschen. Es sind die menschlichen Fähigkeiten zur Wahrnehmung und zur Sprache, die es ihm ermöglichen, die ökonomische (das Nützliche/das Schädliche) und die moralische (das Gerechte/das Ungerechte) Seite seiner Existenz sowohl zu bestimmen als auch zueinander zu ordnen. Denn: „Die Gemeinschaft in diesen Dingen schafft die oikonomia und die polis"[191], deren Evaluierungskriterien, deren Spielregeln und deren Erzwingungsmechanismen gleichsam vorgängig in der polis institutionalisiert sind.[192] Anders hingegen, so Aristoteles, wenn man die oikonomia nicht unter dem Gesichtspunkt ihrer Normativität, sondern unter dem ihrer Praxis betrachtet. Hier geht es um das „Wo" und „Wie" des Wirtschaftens, das nicht aus der Theorie, sondern aus der Erfahrung der Notwendigkeit des Lebens folgt.[193] Man sollte hier beachten, dass Aristoteles über die Tätigkeit des Organisierens an dieser Stelle argumentiert, nicht aber über eine spezifische Form der wirtschaftlichen Organisation nachdenkt. Auf die Bedeutung dieser Distinktion werden wir noch ausführlich zurückkommen. Jedenfalls ist es kein Zufall, dass Aristoteles in der Erörterung des „How to do it" der oikonomia deskriptiv und nicht normativ argumentiert.[194] Im Kapitel 13 dieses Ersten Buches der Politik bestimmt er sodann die Relation der normativen und der deskriptiven, also der institutionellen und der organisatorischen Seite des Wirtschaftens wie folgt: „Es ist also klar, daß die Aufmerksamkeit der Hausverwaltung sich mehr auf die Menschen richten wird als auf ihren Besitz, und mehr auf die Tüchtigkeit von jenen als auf den Vorzug

---

[190] Aristoteles, Pol. 1253b: 12-14.

[191] Ebenda, 1253a 15-20.

[192] Ebenda, 1253a 30-35.

[193] Ebenda, 1258b 10.

[194] Ebenda, 1258b 34.

des Besitzes, den man Reichtum nennt, und mehr auf die Tugend der Freien als auf die der Sklaven."[195] Auf diese Weise, so Aristoteles' Idee, spiegelt sich in der wirtschaftlichen Praxis die Normativität der Gesellschaft und der Wirtschaft.

Aus dieser Perspektive ergibt sich weiterhin, dass Aristoteles zwar eine Vorstellung über die Institutionalisierung wirtschaftlichen Handelns (die informellen und formellen Regeln, so wie sie in die Polis seit jeher eingelassen sind) und über das moralisch adäquate Organisieren wirtschaftlichen Handelns (die techne der oikonomia) entwickeln kann, nicht aber über die wirtschaftliche Organisation als eine gegenüber ihren Mitgliedern distinkte Entität. Eine von ihren Mitgliedern unabhängige Organisation, die gleichsam eigene Handlungs- und Verhaltensmuster generiert, ist mit individualethisch aufgeladenen Kategorien daher nicht zu haben. Dies gilt bis auf den heutigen Tag.

Der Perspektivenwechsel gelingt der Philosophie erst mit Thomas Hobbes. Auf die Behauptung des Aristoteles „Die Gerechtigkeit dagegen ist der staatlichen Gemeinschaft eigen"[196] antwortet Hobbes in seinem Leviathan: „Abgeschlossene Verträge sind zu halten (...) in diesem natürlichen Gesetz liegen Quelle und Ursprung der Gerechtigkeit."[197] In diesem kategorialen Bruch spiegelt sich ein Wechsel in der philosophischen Beobachtung menschlicher Kooperationsbestrebungen. Ihre Basis wird mit Hobbes nicht mehr in einem metaphysischen Gemeinschaftsbezug gesehen, sondern die Gemeinschaft selbst ist eine zu erbringende Kooperationsleistung, die sich auf private Verträge und staatliche Erzwingungsmacht dieser Verträge abstützt. Der Staat als „third party" muss von seinen Mitgliedern nicht nur begrifflich unterschieden werden, sondern auch in der Form einer eigenen Akteursidentität. Bekanntlich hat Hobbes dieses Vertragskonstrukt des Staates „Leviathan" genannt, die „zu einer Person vereinte Menge."[198] Diese philosophische Figur, nämlich die Unterscheidung und Gegenüberstellung der Staatsorganisation gegenüber den konstituierenden Mitgliedern des Staates, ist eine der fundamentalen denkgeschichtlichen Voraussetzungen der Neuzeit und moderner Ökonomie. Hobbes überträgt dann diese Denkfigur im 22. Kapitel

---

[195] Ebenda 1259b 20.
[196] Aristoteles, Pol. I, 1253a: 35 ff.
[197] Hobbes 1651/1914: 110.
[198] Ebenda, 134.

des Leviathans auch auf „private Vereinigungen, wie etwa die Korporationen von Kaufleuten für den Binnen- und Außenhandel."[199] Indem
Hobbes die Entstehung dieser privaten Organisationen aus dem individuellen Vorteilsstreben ehemals unabhängig und selbständig agierender
Kaufleute erklärt (Erhöhung des Gewinns aus bestmöglichen Einkaufs-
und Verkaufsbedingungen), verweist er auf deren vertragliche Grundlagen im Gesetz und im Privatvertrag. Wie schon im Fall des Leviathans
bedeutet diese Vertragsorientierung für die Mitglieder der Handelskorpo-
rationen zugleich einen Verzicht „auf das Recht auf alles" des Einzelnen
gegenüber den anderen Mitgliedern der Korporation. Ökonomische Bes-
serstellung, so die Idee von Hobbes, wird durch eine vertraglich verein-
barte Kooperation von Individuen zu einer Organisation erreicht, die die
Form einer „repräsentativen Person"[200] annimmt. Hobbes kann daher, anders als Aristoteles, nicht nur die einzelnen Aspekte der Organisierung
ökonomischer Transaktionen seiner Zeit im 22. Kapitel sehr detailliert
beschreiben, sondern sein vertragstheoretischer Zugriff lässt einen kollektiven wirtschaftlichen Akteur sichtbar werden, der erstens strikt zu
unterscheiden ist von seinen individuellen Mitgliedern und der zweitens
aufgrund seiner Vertragsbasis konstitutiv die Zurechnung von moralischen Fragen nicht nur erlaubt, sondern geradezu erfordert. Denn „das
Wesen der Gerechtigkeit (liegt) im Einhalten gültiger Verträge."[201]

Aus vertragstheoretischer Perspektive sind es daher nicht Attribute
(z.B. Reflexionsfähigkeit, Selbstzwecksetzung, Betroffenheit, Willensfä-
higkeit usw.), die einer kollektiven Person die Fähigkeit zur Moral ver-
leihen, sondern die Art und Weise ihrer Konstituierung durch einen Vertrag, der von vornherein Verhaltensbeschränkungen und Verhaltensver-
sprechen der individuellen Personen beinhaltet, deren Erfüllung immer
auch einen moralischen Aspekt hat. Das Abstellen auf Attribute ist demnach im Hinblick auf die Selbstbindungsregimes individueller Akteure
(IS) auch zutreffend und in der zeitgenössischen Philosophie deshalb
auch dominant[202], aber von der philosophischen Tradition und der Tatsache der Existenz und Bedeutung kollektiver Akteure für moderne Ge-

---

[199] Ebenda, 178 f.
[200] Ebenda, 181.
[201] Ebenda, 110.
[202] Vgl. die Beiträge von Hubig, Kettner, Maring und Seebaß in Wieland 2001a sowie die Beiträge in Edelstein/Nunner-Winkler/Noam 1993.

sellschaften her nicht zwingend. Die zweite Form moralischer Akteure ergibt sich aus einer strukturtheoretischen Analyse konstitutioneller Akte. Dass moderne Gesellschaften zwei Arten moralischer Akteure kennen – nämlich individuelle und kollektive, die sich auf unterschiedliche Weisen konstituieren und über unterschiedliche Fähigkeiten und Ressourcen verfügen –, ja kennen müssen, um überhaupt noch ihre moralischen Aufgaben formulieren und erfüllen zu können, ist ein Grundgedanke der in diesem Buch vorgetragenen Analyse der Simultanität differenter Governancestrukturen.

Ähnlich wie der neoklassische Mainstream der ökonomischen Theorie hat auch die philosophische Ethik für ihre grundlegende individualistische Handlungs- und Personenorientierung einen hohen Preis gezahlt. Sie verfügt über keinen theoriegeleiteten Begriff eines entscheidenden Akteurs moderner Gesellschaften, der Organisation, und neigt nicht selten dazu, Institutionen und Organisationen als synonyme Entitäten zu denken oder interpretiert den Begriff der Organisation im Sinne des Organisierens, setzt demnach also die Form, in der sich wirtschaftliche Akte vollziehen, gleich mit diesen Akten selbst.[203] Die Reichweite und die Konsequenzen dieser kategorialen Unterscheidung werde ich weiter unten noch ausführlicher erörtern. Jedenfalls lässt sich mit Hobbes das Verhältnis von Institution und Organisation so denken, dass formelle und informelle Institutionen (hier vor allen Dingen der Vertrag) und Organisationen (repräsentative Personen) sich in einem konstitutionellen Sinne aufeinander beziehen und füreinander die Relevanzbedingungen sind.

III.

Alle auf Anwendung zielende Ethik hat zum Vorwurf das Problem der Kooperation zwischen Akteuren. Dabei macht es keinen Unterschied, ob man das Gelingen der Kooperation über einen vorgängigen Gemeinschaftsbezug menschlicher Existenz philosophisch sicherstellt, oder ob man gerade in der Fragilität von Kooperationsbeziehungen, also in der Möglichkeit des Scheitern von Kooperationen, den Grundzug aller menschlichen Existenz sieht. Ohne Institutionalisierung und Organisierung kann weder der aristotelische Polismensch noch der Hobbessche

---

[203] Vgl. die Argumentation in Maring 2001.

Wolf seine Interaktionen mit dem Anderen auf Dauer sicherstellen. Wir haben im vorangegangenen Abschnitt versucht zu zeigen, dass sich alle Gesellschaften mit der Verhältnisbestimmung von Institutionalisierung und Organisierung von Kooperationsbeziehungen zu beschäftigen haben und dass darin eine ordnungspolitische Aufgabe liegt.

Der Prozess der Institutionalisierung und Organisierung in den modernen Marktgesellschaften Europas, für die Hobbes die paradigmatische Denkfigur geliefert hat, bedeutet vor allem die Umstellung personaler auf apersonale Interaktionen und Transaktionen. Der im 17. Jahrhundert beginnende Siegeszug des Rechts und der Märkte als institutionelle Koordinierungssysteme individueller Austauschbeziehungen steht für diesen Prozess. Es ist daher auch folgerichtig, dass mit dem Rechtsstaat und den Unternehmen der Wirtschaft die wirkmächtigsten Organisationen der modernen Gesellschaft entstanden sind, die sich auf diesen Prozess der rechts- und marktförmigen Institutionalisierung beziehen.

Die ökonomische Analyse dieser Entwicklung[204] hat gezeigt, dass im Wesentlichen vier Faktoren für deren Richtung und Tempo bestimmend waren:

1. Die Ausdehnung und Entkopplung der Raum-Zeit-Dimension des wirtschaftlichen Handelns (Nationalisierung/Internationalisierung des Handels und Entkopplung von Vertragsabschluss und Vertragserfüllung) haben den Aspekt der Erwartungssicherheit ökonomischer Leistungsversprechungen in ein helles Licht gestellt. Personale Tugenden, die in face-to-face-Gesellschaften hinreichende Erwartungs- und Erzwingungssicherheit schaffen, sind in dieser Umwelt systematisch defizitär, obgleich sie unverzichtbar ist. Die Kombination von individualistischer Selbstbindung und lokaler sozialer Fremdbindung scheitert an der Ausdehnung und Entkopplung der Raum-Zeit-Dimension. Das nunmehr erforderliche „third party enforcement" wird Zug um Zug auf das Vertragsrecht und die Organisationen des Staates und der Wirtschaft übertragen.

2. Das ermöglichte ein Senken der Transaktionskosten wirtschaftlicher Kooperationen, also der Kosten der Anbahnung, Durchführung und Kontrolle von Tauschverträgen. Es sind daher Effizienz- und Effektivitätsüberlegungen wesentliche Triebkräfte zur Durchsetzung apersonaler Steuerungs- und Kontrollmechanismen.

---

[204] Vgl. North 1981, 1990, Sombart 1990 für die politischen Institutionen und Chandler 1962, 1977 und 1990 für die Unternehmen.

3. Beide Entwicklungen gemeinsam führen zu einer Vertiefung und Ausweitung der ökonomischen Arbeitsteilung und damit zu dem Korridor möglicher Kooperationschancen. In der Folge findet sich eine Steigerung des Wohlfahrtsniveaus der involvierten Gesellschaften über steigende „gains from trade" und steigende Kooperationsrenten.

4. Die moderne Unternehmung hat, beginnend in der zweiten Hälfte des 19. Jahrhunderts, diese Entwicklung durch forcierte Entpersonalisierung wirtschaftlichen Handelns (vom Kaufmann zur Firma, vom Eigentümer zum Management) weiter vorangetrieben. Firmen repräsentieren gegenüber Personen einen Zuwachs an Dauerhaftigkeit und einen Zuwachs an Transparenz der Entscheidungsfindung. Hinzu kommt, dass sie eine Bündelung vormals selbständiger Ressourcen darstellen, die einen positiven Effekt auf das wirtschaftliche Leistungsniveau der Gesellschaft hat.

Dieser hier nur kurz skizzierte Zusammenhang der Triebkräfte für den Aufstieg von Unternehmen zu entscheidenden sozialen Akteuren – von steigender Erwartungssicherheit und sinkenden Transaktionskosten und steigenden Kooperationsrenten durch vertiefte Arbeitsteilung bis hin zum Zusammenlegen von Ressourcen – hat daher zu seinem logischen und praktischen Ausgangspunkt eine tiefe Skepsis hinsichtlich der ökonomischen und moralischen Rationalität individueller tugendethischer Bindungsstrategien unter der Bedingung moderner marktwirtschaftlicher Realitäten. Hobbes' knappe Bemerkung über das „schmale Band mündlicher Versprechen"[205] hat genau diese Zusammenhänge im Blick. Es ist daher nicht nur so, dass die Verrechtlichung und organisatorische Strukturierung wirtschaftlichen und gesellschaftlichen Handelns zu einer Erosion individueller Moralfähigkeit (nicht zu verwechseln mit Moralbereitschaft), sondern ebenfalls zu einer Verengung des Korridors möglicher individueller Moralpraxis überhaupt geführt hat. Das aber ist ein Reflex auf die grundlegende Beschränkung jeder individualistischen Tugendethik, nämlich ihre Beschränkungs- und Ermöglichungsfunktion am effektivsten und effizientesten in personalstrukturierten Gesellschaften entfalten zu können. Nicht ohne Grund galten Aristoteles der Fern- und der Geldhandel als die widernatürlichsten Aspekte ökonomischen Handelns, weil beide die räumliche und zeitliche Abstrahierung der Gesellschaft und damit einen Funktionsverlust personaler Tugend mit steigen-

---

[205] Hobbes 1651/1914: 101, 105.

dem Wohlfahrtsniveau prämieren.

Mandeville stellte diese Zusammenhänge in ein helles Licht, als er in seiner „Fable of the Bees"[206] die „public benefits" der „private vices" en detail aufmarschieren lässt. Weder grassierende Tugendvergessenheit noch die Kälte und Unübersichtlichkeit anonymisierter Gesellschaften haben daher aus ökonomischer Sicht zu einem Bedeutungsverlust individueller tugendethischer Qualität geführt, sondern ein Mangel an ökonomischer und moralischer Effizienz und Effektivität derselben, der in entwickelten Gesellschaften zu paretoinferioren Wohlfahrtsniveaus führen müsste, wenn er nicht kompensiert würde durch die funktionale Äquivalenz der Tugend kollektiver Akteure.

Daraus folgt, dass die gelegentlich geäußerte Hoffnung auf eine Renaissance der individuellen Moral alteuropäischer Gesellschaften nicht nur eine Illusion ist, sondern teuer zu bezahlen wäre. Die Globalisierung der Welt und vor allem ihrer Ökonomien wird vielmehr zu einer weiteren Schwächung der tradierten Auffassung individualistischer Tugenden führen, wenn es nicht gelingt, dieses Konzept in einem neuen Bedeutungszusammenhang zu platzieren. Für dieses Projekt steht die Governanceethik. Für den Zweck der hier geführten Diskussion aber genügt es darauf hinzuweisen, dass entwickelte Gesellschaften sich mit dem Problem konfrontiert sahen und auch weiterhin sehen werden, funktionale Äquivalente für individuelle Tugenden zu schaffen, wenn sie die ökonomische und moralische Erwartungssicherheit für die Transaktionen ihrer Akteure schaffen wollen. Organisationen, Unternehmen als tugendhafte kollektive Akteure, sind exakt solche funktionalen Äquivalente. Dass diese keine substitutive, sondern eine integrative Beziehung zu individuellen Akteuren haben, ist mit den Bedingungen der Vollständigkeit und Notwendigkeit der Governanceethik festgehalten.

IV.

Damit ist die Frage nach der Möglichkeit einer moralischen Verfasstheit von Organisationen und Unternehmen oder allgemeiner: kollektiver Akteure aufgeworfen. Ich werde im Folgenden dafür argumentieren, dass diese Frage nur zu beantworten ist auf der Grundlage einer theoretischen

---

[206] Mandeville 1716/1924.

Unterscheidung von Institutionen und Organisation und einer konstitutionellen Analyse der Organisationen der Wirtschaft.

Douglas C. North hat in seinem Buch „Institution, institutional change and economic performance"[207] aus institutionenökonomischer Sicht einen Vorschlag zur Abgrenzung der Begriffe Institution und Organisation vorgelegt. Er definiert dort: „Institutions are the rules of the game in a society or, more formally, are the humanly devised constraints that change human interaction."[208] Diese Spielregeln können formaler oder informaler Natur sein, also etwa das Recht und die moralischen Überzeugungen einer gegebenen Gesellschaft. Institutionen sind damit ein intelligibles Set von Ereignisrelationen, denen normative Macht zugebilligt wird. Sie definieren die Menge und die Art erwünschter und sanktionsfrei möglicher Handlungen, und sie fungieren zugleich als Handlungsbeschränkungen. Organisationen versteht North hingegen als „groups of individuals bound by some common purpose to achieve objectives."[209] Sie sind demnach Strukturen, mit denen Individuen versuchen, innerhalb des gegebenen gesellschaftlichen Institutionengefüges die sich bietenden Opportunitäten effizient zu nutzen. Das führt zugleich dazu, dass Organisationen versuchen können, das institutionelle Set einer Gesellschaft so zu verändern, dass Effizienzzuwächse im Hinblick auf die Erreichung des Organisationszieles möglich sind. Es ist diese Interaktion zwischen Institutionen und Organisationen, die Organisationen zu Agenten des institutionellen Wandels macht. Organisationen sind demnach funktionsbezogene und formal regulierte Mechanismen, und insofern sie Normativität (formale und informale Regeln) repräsentieren, sind sie selbst Institutionen der Gesellschaft. Zusammengefasst lässt sich formulieren, dass Institutionen kein Ziel haben wie Organisationen, sondern eine gesellschaftliche Funktion erfüllen. Sie haben, ebenfalls im Unterschied zu Organisationen, keine Akteure oder Mitglieder, sondern sie haben Handlungs- und Verhaltensrelevanz für Akteure. Institutionen werden nicht konstituiert, sondern emergieren aus dem Diskurs der Gesellschaften und werden dann zu formal festgeschriebenen oder informal kommunizierten Handlungsbedingungen. Demgegenüber sind Organisationen das Ergebnis eines gezielten konstitutionellen Aktes von Akteuren, der entweder

---

[207] North 1990.

[208] Ebenda, 3.

[209] Ebenda, 5.

darauf gerichtet ist, die Spielregeln der Gesellschaft zu nutzen, sie zu ändern oder sie zu erzwingen.

Es sollte deutlich geworden sein, dass aus dieser Perspektive wenig für die synonyme Verwendung der Begriffe Institution/Organisation im Hinblick auf die Klärung der moralischen Verfasstheit kollektiver Akteure spricht. Institutionen sind selbst Ausdruck moralischer Überzeugungen. Sie sind entweder handlungsbeschränkend oder handlungseröffnend, aber die Frage ihrer „moralischen Handlungsfähigkeit" stellt sich überhaupt nicht, da sie keine Akteure, sondern Referenzpunkte für Akteure sind. Damit verengt sich die Frage auf den Bereich der Organisationen, also etwa ob Unternehmen das Attribut moralischer Identität und Handlungsfähigkeit zugerechnet werden kann und wenn ja, in welchem Sinne zugerechnet werden sollte. Solange Organisationen als abgeleitete oder quasi-individuelle Akteure verstanden werden, ist das offensichtlich nicht möglich. Um es pointierter zu formulieren: Solange Organisationen handlungstheoretisch rekonstruiert werden, lässt sich über ihre genuinen moralischen Qualitäten als Organisationen wenig sagen.

Dies gilt letztlich auch für die interessante Argumentation von French[210], der zustimmend für die theoretische und empirische Figur eines kollektiven moralische Akteurs argumentiert. Er sieht sehr deutlich, dass OKK als interne Entscheidungsstruktur (in der Terminologie Frenchs: CID = Corporate Internal Decisions-Struktur) in einem Unternehmen konstitutiv für dessen moralische Verantwortlichkeit ist. Intentionalität ist für French das Kriterium moralischer Zurechnung auf einen Akteursstatus, und in der CID-Struktur drückt sich diese aus. In und mittels der CID wird die Verantwortlichkeit der individuellen Akteure und die der kollektiven Akteure abgegrenzt und zugewiesen. Aber diese Unterscheidung der beiden Akteure leitet er nicht aus dem konstitutionellen Akt der Firma ab, sondern argumentiert mit Verweis auf CID handlungstheoretisch. Moralische Verantwortlichkeit und damit ein moralischer Akteur sind für French gegeben, weil wir es nach seiner Meinung mit einem „intentional actor"[211] zu tun haben. Die offenen Flanken dieses Ansatzes werden deutlich, wenn moralische Verantwortung sich in einem Unternehmen nicht eindeutig auf einen individuellen Entscheider und/oder dessen Funktion als Agent eines kollektiven Akteurs zurechnen

---

[210] Vgl. French 1984.
[211] Ebenda, 38.

lässt. Das ist in der Praxis der Wirtschaft häufig der Fall, so dass etwa die amerikanische Rechtsprechung darauf so reagiert hat, dass sie im ersten Zugriff immer den kollektiven Akteur für verantwortlich hält, der sich dann zu Lasten des individuellen Akteurs exkulpieren kann.[212] Die Governanceethik geht mit Blick auf die Intentionalität von Akteurshandeln in der Wirtschaft systematisch von Informations- und Erwartungsunsicherheit und unvollständigen Verträgen aus, die alle Transaktionen auszeichnen, bei denen überhaupt eine moralische Dimension existiert. Gäbe es die von French unterstellte Sicherheit der Zurechnung auf Intentionalität, existierte, jedenfalls im Rahmen ökonomischer Annahmen, gar kein Moralproblem, weil integere Handlungen entweder über den Markt oder über Hierarchie erzwingbar wären. Damit aber stellt sich erneut die Frage nach dem Wesen, dem Charakter dieses kollektiven moralischen Akteurs, mit dessen Hilfe individuelle Ressourcenbesitzer ihre Interaktionen und Geschäfte abwickeln. Eine vertragstheoretische Analyse eröffnet hier neue Möglichkeiten.

Ich habe diese Zusammenhänge an anderer Stelle ausführlich diskutiert[213] und beschränke mich daher hier erneut nur auf die Grundlinie der Argumentation. Die vertragstheoretische Abgrenzung einer ökonomischen Form von ihren individuellen Akteuren lässt sich plausibilisieren über den Akt der Entstehung, also der Gründung einer Unternehmung. Eine Unternehmung konstituiert sich über einen Vertrag zwischen individuellen Ressourcenbesitzern und manifestiert sich in der Unternehmensverfassung (Identität des Akteurs), in ihren Verhaltensstandards und in ihren Policies und Procedures (Handeln des Akteurs). Die individuellen Eigentümer von Ressourcen stimmen diesen Verträgen zu oder treten ihnen bei, weil und insofern sie durch die Kooperation mit den anderen Ressourcenbesitzern die Erträge ihrer je eigenen Ressourcen steigern können gegenüber der Situation, weiterhin alleine zu operieren. Dieses Mehr wird als Kooperationsrente bezeichnet. Unternehmen sind aus dieser Sicht vertraglich konstituierte Kooperationsprojekte individueller Akteure zur Erwirtschaftung von Kooperationsrenten. Ganz in der Hobbesschen Argumentationstradition verzichten die einzelnen Ressourcenbesitzer durch ihren Beitritt zu diesem Kooperationsprojekt auf individuelle Rechte und eine uneingeschränkte Handlungsfreiheit. Dieser Verzichts-

---

[212] Vgl. Wieland 1998c.
[213] Vgl. Wieland 1994, 1996, 2000.

akt ist die Erfolgsvoraussetzung des Kooperationsprojektes. Mehr noch: Der kollektive Akteur konstituiert sich gerade nicht durch die Summierung aller in ihm vertretenen individuellen Handlungspräferenzen, sondern durch deren Einschränkung.

Wenn wir diese Überlegungen auf die Frage nach der Moralfähigkeit kollektiver Akteure anwenden, dann zeigt sich das folgende Ergebnis: Insofern ein Unternehmen moralische Ansprüche und Werte zum konstitutionellen Bestandteil des Unternehmensvertrags macht, sei es formal über einen „Code of Ethics" (OKK) oder informal über eine bestimmte Atmosphäre der Unternehmenskultur (IF), sind diese moralischen Ansprüche und Werte konstitutiver Bestandteil und damit auch Handlungsparameter für die einzelnen Mitglieder dieser Organisation. Der kollektive moralische Akteur konstituiert seine Identität daher gerade nicht durch die Zusammenfassung und Homogenisierung individueller moralischer Präferenzen, sondern durch die Definition seiner moralischen Präferenzen und die Dominierung der individuellen moralischen Präferenzen durch die der Organisation. Es ist gerade diese Differenz zwischen dem kollektiven und dem individuellen Akteur, die dem ersten eine distinkte moralische Existenzform und dem letzteren Handlungsspielräume gibt. Verhaltensstandards oder Wertemanagementsysteme (OKK) sind aus dieser Sicht Kompetenzen und Ressourcen eines kollektiven Akteurs, die die „Vortrefflichkeit" seines Handelns und Verhaltens und seine Bereitschaft und Fähigkeit zur Verwirklichung moralischer Werte in seinem Handeln bestimmen.

Fassen wir die bisherige Diskussion über das Wesen kollektiver moralischer Akteure knapp zusammen: 1. Kollektive moralische Akteure sind ein Produkt der Zuschreibung moralischer Verantwortung durch die Gesellschaften, in denen sie wirken. 2. Kollektive moralische Akteure sind ein Produkt der gesellschaftlich anerkannten Fähigkeit dieser Akteure, moralische Problemstellungen zu lösen. Beide Gesichtspunkte sind zutreffend, aber führen nicht zwingend zum Begriff des kollektiven moralischen Akteurs. Es lässt sich dafür argumentieren, dass die Übernahme und die Fähigkeit zur Lösung moralischer Problemlagen nicht automatisch den Akteursstatus verändern müssen. Vielmehr können aus dieser Sicht ökonomische Akteure moralische Aufgaben der Gesellschaft für diese lösen. Unternehmen wären dann gleichsam nur das ökonomische Instrument der moralischen Gesellschaft. Erst dann, wenn wir annehmen, dass 3. Unternehmen kollektive moralische Akteure der Wirtschaft durch

den Akt ihrer Konstituierung werden, haben wir ihren immanenten moralischen Charakter definiert, der direkt mit ihrer Existenz zusammenfällt.
Unternehmen sind Kooperationsprojekte, und Moral ist sowohl Voraussetzung als auch Produkt von Kooperation.

Wir können daher jetzt versuchen, die Tugend kollektiver Akteure
näher zu bestimmen. Formale oder informale moralische Spielregeln
einer Organisation (Code of Ethics, Unternehmenskultur) zielen zunächst
auf die Identität des moralischen Akteurs. Sie sind Selbstbeschreibungen
einer Organisation, durch die sie sich selbst identifiziert. In sozialen
Systemen, und darauf hat Niklas Luhmann hingewiesen[214], sind Selbstbeschreibungen ein funktionales Äquivalent für individuelle Wahrnehmung. Sie ermöglichen Wahrnehmung, insoweit sie die Unterscheidung
von Konformität und Abweichung von diesen Selbstbeschreibungen erlauben. Es sind daher einerseits die moralischen und werteorientierten
Selbstbeschreibungen einer Organisation, die ihr eine Identität als kollektiver moralischer Akteur geben. Die gewollte und unausweichliche
Unschärfe dieser Selbstbeschreibungen steigert die adaptive Effizienz
und ermöglicht kulturelle Weiterentwicklung, also temporalisierte Iden-
titätsprozesse. Andererseits sind formale und informale moralische Regeln einer Unternehmung Ressourcen dieser Organisation[215], die ein Bestandteil ihrer Kooperationsbereitschaft, ihrer Kooperationsfähigkeit und
damit auch ihrer Kooperationschancen sind. Kollektive Akteure setzen
die Lösung des Kooperationsproblems voraus, und die Moral kollektiver
Akteure emergiert in diesem Zusammenhang. Gelingende Moral ist ein
Prozess der wechselseitigen Attribuierung von moralischen Ansprüchen
und Akzeptanz dieser Ansprüche, der ein Interesse an Kooperation voraussetzt. Nur in diesem Prozess der Interaktion von Selbst- und Fremdbindung oder Selbst- und Fremdzuschreibung konstituieren und bestätigen sich moralische Akteure.

Die Tugend kollektiver Akteure besteht danach a) in einem konstitutionellen Akt der Identitätsbildung und b) in einer Ermöglichungs- und in
einer Beschränkungsfunktion moralischen Handelns, die sich sowohl auf
seine internen als auch auf seine externen Transaktionen und Kooperationen bezieht. Darin drückt sich c) auch ein Streben nach Achtung und
Anerkennung durch andere Akteure für moralisches Handeln aus, die als

---

[214] Luhmann 2000: 418 f.
[215] Vgl. Wieland 2000.

Reputation die Identität des kollektiven Akteurs bestätigt und fort-
schreibt. Im folgenden Schaubild sind die Zusammenhänge in einer
kurzen Form dargestellt:

Abb. 14: Tugendmatrix kollektiver Akteure

Identität	Wertemanagementsysteme	
	Moralstandards	
Atmosphäre/Kultur	**Interne Transaktionen**	**Externe Transaktionen**
Ermöglichungsfunktion	Anreiz (z.B. Training, Zielvereinbarungen)	Investition (z.B. Partnerscreening, Kundenreputation)
Beschränkungsfunktion	Selbstbindung (z.B. Compliance, Integritätsmanagement)	Fremdbindung (z.B. Menschenrechte, Sozialstandards)

Die kodifizierten moralischen Standards und die Entwicklung einer spezifischen moralischen Atmosphäre (Kultur) einer Organisation signalisieren und definieren deren *Bereitschaft*, moralische Fragen als Fragen der
Organisation zu behandeln. Die implementierten Managementsysteme[216]
definieren die *Bereitschaft und Fähigkeit* einer Organisation zu moralischem Handeln im Sinne von moral best practices. Es sind daher präzise
die Existenz und die moralsensitive Ausgestaltung der firmen- und transaktionsspezifischen Governancestrukturen, die die Tugend kollektiver
Akteure verkörpern und prozessieren, nämlich ihre Bereitschaft (Kultur,
Codes of Ethics) und ihre Fähigkeit (Managementsysteme, policies und
procedures), moralische Werte in ihren Handlungen und in ihrem Verhalten zu verwirklichen. Bereitschaft und Fähigkeit, Identitätsbildung
und Funktion stehen dabei in einem rekursiven Verhältnis. Nur Akteure
mit einer moralischen Identität können die Funktionen der Ermöglichung
und Erzwingung von Moral übernehmen, und in diesem Prozess bestätigt
und entwickelt sich die moralische Identität kollektiver Akteure. Dass es

---

[216] Vgl. hierzu detailliert Wieland 2004b.

dann möglich ist, „Vortrefflichkeit" im Sinne von „best practices" zuzu-
rechnen, wird kaum zu bestreiten sein.

Im Hinblick auf die *Ermöglichungsfunktion* der Tugend kollektiver
Akteure lässt sich feststellen, dass sie in den *internen* Austauschbeziehungen der Mitglieder des kollektiven Akteurs zu einem Sinken der
Kosten und Preise für moralische Kommunikation in einer Organisation
führen (z.b. durch Karriereknick, Einkommensverluste, Entlassungen
usw.). Der normative Aspekt des kollektiven Akteurs ermöglicht und er-
leichtert daher individuelles moralisches Verhalten durch die entsprechenden organisationalen Anreize. Im Hinblick auf seine *externen* Relationen stellen Code of Ethics, Code of Conduct oder eine moralisch
orientierte Unternehmenskultur investive Vorleistungen einer Organisation (nicht einzelner Mitglieder) in potentielle Kooperationsbeziehungen
dar, die es anderen kollektiven Akteuren erleichtern sollen, sich selbst
ebenfalls an solche Werte zu binden (z.b. Lieferanten, Partner in Joint
Ventures, Kunden usw.). In Bezug auf die *Beschränkungsfunktion* der
Tugend kollektiver Akteure sind sie im Hinblick auf die *internen* Beziehungen ein Instrument der Selbstbindung und Selbststeuerung des kollektiven Akteurs und ein Medium der organisationalen Selbsterzwingung
normengerechten Verhaltens gegenüber seinen individuellen Mitgliedern.
Mit Blick auf seine *externen* Relationen übernimmt dieser Aspekt der
Selbststeuerung und Selbsterzwingung, zum Beispiel die proaktive Realisierung von Menschenrechten oder globaler Sozialstandards, die Funktion oder die Unterstützung von Fremdbindung, also etwa deren Erzwingung durch staatliche Regeln.[217]

Aus der hier entwickelten Perspektive zeigt sich, dass die Moralität
kollektiver Akteure nicht aus der Moralität individueller Akteure abgeleitet oder auf diese reduziert werden kann. Es ist gerade umgekehrt: Die
Tugend *kollektiver* Akteure, die sich in ihrer Identität und der daraus abgeleiteten Ermöglichungs- und Beschränkungsfunktion gegenüber seinen
individuellen und gegenüber anderen *kollektiven* Akteuren zeigt, determiniert zugleich den Zusammenhang zwischen der Tugend eines kollektiven Akteurs und den Tugenden von individuellen und anderen kollektiven Akteuren.

---

[217] Diese Zusammenhänge habe ich an anderer Stelle ausführlich erläutert; vgl.
Wieland 1998 a + b.

Gerade in der Möglichkeit und Wahrscheinlichkeit des Auseinanderfallens kollektiver Tugenden und individueller Untugenden (und umgekehrt) zeigt sich der Sinn der Rede über kollektive moralische Akteure. Mehr noch: Unter den Bedingungen moderner und weltweit vernetzter Ökonomien steht die Moralfähigkeit individueller ökonomischer Akteure in einem direkten Verhältnis zu der ihres vorgängig konstituierten kollektiven moralischen Akteurs. Kollektive moralische Akteure sind eine weitere Stufe in der Abstrahierung moderner Interaktionsverhältnisse und deren apersonaler Steuerung. Mit ihnen emergieren neue Optionen moralischer Zurechnung in modernen Gesellschaften, die die Bearbeitung entsprechender Problemlagen überhaupt erst ermöglichen (siehe Zwangsarbeiter), und die am Anfang dieses Buches angeführten Erwartungen der Politik. Dies mag man bedauern oder ablehnen, ändern kann man es nur zu prohibitiven ökonomischen und moralischen Kosten.

Als Ergebnis dieser Diskussion lässt sich daher festhalten, dass es keinen zwingenden Grund gibt, die Moralfähigkeit kollektiver Akteure zu bestreiten, wohl aber eine ganze Reihe guter Gründe dafür. Kollektive moralische Akteure schaffen nicht nur Zurechenbarkeit und Durchsetzbarkeit moralischer Ansprüche in modernen Gesellschaften, sie ermöglichen darüber hinaus überhaupt erst die Zurechnung moralischer Verantwortung in einem wachsenden Bereich moderner Gesellschaft. Mit anderen Worten: Sie sind hier die Bedingung der Möglichkeit wirtschafts- und unternehmensethischer Diskurse. Sie sind damit auch ein Schutzmechanismus gegen die Erosion moralischer Werte, die weniger vom Sittenverfall des Einzelnen bedroht sind als vielmehr durch ihre zunehmende Nichtanwendungsfähigkeit im Kontext individuell gedachter Tugenden. Die Tugend kollektiver Akteure, also die aus ihrer Identität abgeleitete Ermöglichung und Sicherstellung moralischer Praxis in der Wirtschaft und ihren Organisationen, überwindet den daraus folgenden Relevanzverfall. Die individuelle Moralfähigkeit wird dabei genauso an Vitalität und Relevanz gewinnen wie die moralische Verfasstheit einer Gesellschaft. Die Existenz und das Zusammenwirken individueller und kollektiver Akteure sind daher ein Kennzeichen der fortgeschrittenen Gesellschaften unserer Zeit.

Wer solche Überlegungen für abwegig hält, der sollte beachten, dass die exklusive Zurechnung moralischer Ansprüche auf individuelle Personen keine anthropologische Konstante menschlicher Gemeinschaft und Kooperation ist, sondern immer schon das Produkt der kulturellen Deutung gesellschaftlicher Institutionen und ihrer Akteure war. So wie die homerische Gesellschaft eine individualistische Zurechnung von Moral nicht kennt, sondern im Wesentlichen auf ein Ensemble von Göttern und Halbgöttern zurechnet[218], so gibt es auch keinerlei Grund anzunehmen, dass die globalisierte Welt dieses Jahrtausends keine anderen als individuelle Moraladressaten benötigt, denen sie moralische Verantwortung zurechnet, damit überhaupt noch ernsthaft über Moral als eine relevante Ressource zur Strukturierung gesellschaftlicher Praxis kommuniziert werden kann.

---

[218] Vgl. dazu die Studien von Bruno Snell 1961, 1967, 1975.

VII. Kapitel
Thesen: Normativität und Governance

Zum Abschluss dieses Buches möchte ich die Resultate meiner Diskussion zur Normativität der Governanceethik in Thesen zusammenfassen, in der Hoffnung, dass diese pointierte Form ein Beitrag zur Diskussion innerhalb der Wirtschafts- und Unternehmensethik ist.

1. Die Formulierung, dass die Realisierung der moralischen Dimension einer Transaktion (Tm) abhängt i) von den aktivierbaren Selbstbindungsregimes (Tugenden, Überzeugungen, Gewohnheiten) individueller Akteure (IS), ii) von der Wirksamkeit kollektiver Fremdbindungsregimes (Kultur, Religion, Ethik) informaler Institutionen (IF), iii) von der Existenz und der Erzwingbarkeit formaler Institutionen (FI) einer Gesellschaft (Recht, Verfahren, kodifizierte Regeln) und schließlich iv) von der moralischen Identität, Effizienz und Effektivität organisationaler koordinations- und Kooperationsstrukturen (OKK) dieser Gesellschaft (Unternehmen, Staat, Nichtregierungsorganisationen), bringt das Ethikverständnis der Governanceethik vollständig und notwendig zum Ausdruck.

2. In dieser Definition drückt sich die Überzeugung aus, dass Moral ein Phänomen gesellschaftlicher Praxis ist. Zugleich wird deren Relevanz für diese Praxis als Entscheidungs- und Gestaltungsproblem im Hinblick auf die Integration multipler gesellschaftlicher Sprachspiele (Moral, Ökonomie, Recht, Technik, Verfahren etc.) verstanden. Dabei ist Moral Voraussetzung und Ergebnis sozialer Kooperation zugleich, das emergente Produkt der Interaktion individueller und kollektiver Akteure und zugleich die Bestandsvoraussetzung allen sozialen Lebens. Institutionalisierung und Organisierung von Moral heißt daher nichts anderes, als diese Errungenschaft menschlicher Zivilisation auf Dauer zu stellen. Die Moral einer gegebenen Gesellschaft ist die Gesamtheit aller in ihre informalen und formalen Institutionen sedimentierten normativen Handlungsregeln. Sowohl das griechische Ethos als auch die moderne Moral sind normativ genau in diesem ursprünglichen Sinne, nämlich als Pro-

dukte realer gesellschaftlicher Diskurse, die zu positiven oder als gut bewerteten Handlungsstandards führen. Der systematisch normative Ausgangspunkt der Governanceethik ist daher die moralische Praxis der individuellen und kollektiven Akteure einer Gesellschaft, so wie sie sich in ihren alltäglichen Transaktionen als deren moralische Dimension (Tm) zur Geltung bringt.

3. Moral ist demnach nicht das Resultat philosophischer Bemühungen um begründete Normativität, sondern ein immerwährendes Element kultureller Evolution. In den ethischen Fakultäten und Akademien hingegen wird professionelle ethische Reflexion organisiert, die, so jedenfalls in den westlichen Gesellschaften der Aufklärung, zu anerkannten argumentativ-rationalen Begründungen und Rechtfertigungen der vorgängigen moralischen Praxis führen kann. Der Ausgangs- und Bezugspunkt der philosophischen Ethik ist allerdings nicht einfach die Praxis, sondern die Erkundung und Bewertung der Differenz zwischen der Normativität des Faktischen (ethos) und der Normativität, die aus vernunftgeleitetem Denken über diese Praxis entspringt. Ethik ist freilich nicht mit der Begründung sozialer Praxis um ihrer selbst willen befasst, sondern immer schon Bestandteil der Wissensbestände einer gesellschaftlichen Kultur (IF), die vernunftgeleitetes, rational begründetes Handeln zu ihren höchsten Gütern zählt. Ethische Reflexion und moralische Überzeugung gehören beide in den Bereich der informalen Institutionen einer Gesellschaft (IF); aus Sicht der Governanceethik sind sie Kulturphänomene. Dies hat Konsequenzen.

4. Die erste lautet, dass es primäre Aufgabe der normativen Ethik nicht ist, moralisches Handeln zu motivieren, sondern zu legitimieren. Sicherlich kommt der Legitimation einer Handlung als rational gerechtfertigte in einem Rationalität schätzenden Kulturkreis eine gewisse motivierende Kraft für deren Ausübung zu, aber nur eine schwache. Nur deswegen, weil etwas rational gesehen richtig ist, wird es noch lange nicht getan. Stärker motivierend sind die kulturell getriebene Scham für oder Empörung über unmoralische Handlungen sowie das Streben nach Achtung und Anerkennung durch andere für moralisches Handeln.

5. Die zweite lautet, dass ein weiterer wesentlicher motivationaler Gesichtspunkt von Ethik und Moral ihre Ermöglichungsfunktion ist. Wie bereits erwähnt, beschränken beide, wie alle Regeln, das Spektrum der zugelassenen Handlungen, aber sie müssen auch, wenn sie motivieren wollen, Handlungen ermöglichen. Sei es durch Legitimation wie die

vernunftgeleitete Ethik oder wie die Moral durch die gesellschaftliche Effizienz und Effektivität ihrer Governancestrukturen. Ob das Recht (FI) erzwingbar ist oder nicht, ob die Organisationen einer Gesellschaft über die Bereitschaft und Fähigkeit verfügen, dieser Gesellschaft Koordinations- und Kooperationsstrukturen (OKK), also Ressourcen jeder Art zur Verfügung zu stellen, mit denen die Realisierung der gesellschaftlich legitimen moralischen Ansprüche individueller und kollektiver Akteure an Transaktionen überhaupt erst möglich wird – alles dies sind erhebliche Motivationsfaktoren der Moral selbst. Eine Moral, die sich nur auf die Legitimität ethischer Begründungen für die Implementierung in die Praxis verlassen würde, wäre sehr bald marginalisiert. Eine Moral, die nur auf den guten Willen, das Rechte zu tun (IS), nicht aber auf dessen Befähigung zur Moralität durch eine unterstützende Kultur, das Gesetz oder aktivierbare organisationale Ressourcen abstellt, hat ihren Anspruch auf und an gesellschaftliche Praxis aufgegeben. Die Governanceethik hat genau an dieser Stelle ihren Ausgangspunkt. In diesem Sinne scheint sie mir durch und durch aristotelisch zu sein, eine starke Tugendethik, weil es ihr um das institutionen- und organisationsgestützte moralische Wollen und Können gesellschaftlicher Akteure geht.

6. Wie bereits erwähnt, liegt die Tatsache, dass Akteure moralische Handlungen gegenüber unmoralischen präferieren und wirklich vollziehen, nicht in deren rationaler Begründbarkeit. Hier haben wir eine schwach motivierende Kraft konstatiert, was in rationalen Gesellschaften zunächst erstaunen mag. Die Erklärung hierfür aber liegt genau in ihrer Rationalität. Denn ein wesentlicher Faktor der motivationalen Schwäche rationaler Begründungen ist die unaufhebbare Pluralität existierender und potentieller Begründungsethiken, die alle gleichermaßen dem Bereich IF zugerechnet werden müssen. Die Diversifität der Begründungsethiken kann weder überwunden werden, weil sie nicht aufeinander zurückgeführt werden können, noch verfügt eine von ihnen über die Kraft, diskriminierendes Kriterium für alle anderen zu sein. John Rawls Bemerkung von den „burdens of judgement"[219] markiert diesen Sachverhalt präzise. Wenn es aber einen Bauchladen von ethisch gleichwertigen rationalen Begründungsmöglichkeiten für moralisches Handeln gibt, dann kann keine von ihnen sich als Quelle rational wirksamer Motivation erweisen. Begründungsethiken können daher wesentlich keine moralische Praxis

---

[219] Rawls 1993: 119 ff.

hervorbringen, weil sie selbst kontingente Ereignisse sozialer oder professioneller Praxis sind. Mit ihnen kann man zeigen, dass sich bestimmte Handlungen rational rekonstruieren lassen und daher zugelassen sind oder eben nicht. Aber selbst dies können sie nur in Gesellschaften, die sich der neuzeitlichen Vernunft verpflichtet fühlen und darüber die Differenz legitim/illegitim konstituieren.

7. Dies bringt mich schließlich zu einem dritten Punkt, nämlich der Gültigkeit der herkömmlichen philosophischen Unterscheidungen zwischen Begründungs- und Anwendungsethiken. Dieser Distinktion liegt in etwa die folgende Vorstellung zu Grunde. Es ist Aufgabe von Begründungsethiken, diejenige Normativität zu produzieren, die in den Bereichen der Anwendungsethiken entweder direkt oder aber Zug um Zug umgesetzt und praktiziert werden sollte. In dieser Vorstellung wird den anwendungsbezogenen Bereichsethiken nur der Status einer aus der vorgängigen Begründungsethik abgeleiteten Partialethik zugebilligt, die über keinerlei eigene normative Dignität verfügt. Erstere sind normativ und liefern Normativität, letztere sind deskriptiv und erhalten ihre normative Aufladung durch erstere. Damit ist aus meiner Sicht die Beziehung von Ethik und Moral, von Reflexion und Praxis auf den Kopf gestellt. Auch wird systematisch der Prozess der Ermöglichung moralischen Handelns auf diese Weise ausgeblendet, da scheinbar die Ermöglichung in der gelingenden Normativität begründet liegt. Nichts aber ist irreführender als diese Annahme.

8. Die Governanceethik hält daher die in dieser Weise durchgeführte Unterscheidung von Begründungs- und Anwendungsdiskuren für keine sinnvolle und fruchtbare theoretische Option. Sie geht demgegenüber davon aus, dass Begründungsethiken, gerade so wie Partial- oder Bereichsethiken, selbst Bestandteil des Anwendungsfeldes moralischer Praxis sind. Ihre Leistung besteht in der normativen Erzeugung von Legitimität, die als IF endogener Bestandteil der Governanceethik ist. Die hierarchisch gesteuerte Differenz zwischen Begründungs- und Anwendungsethiken ersetzt die Governanceethik daher durch die dem Kohärentismus verpflichtete Idee, dass das Auftreten und die Qualität moralischer Handlungen abhängig sind von den Selbst- und Fremdbindungsregimes individueller und kollektiver Akteure.

9. Tradierte moralische Überzeugungen und anerkannte ethische Begründungen für diese Überzeugungen kommen in der Governancestruktur IF zur Wirkung und beeinflussen den Grad der Bereitschaft und Befä-

higung von Akteuren zu moralischen Handlungen. In genau diesem Sinne ist die Governanceethik normativ, weil sie sich in Tm und IF auf moralische Überzeugungen und gelungene rationale Begründungen positiv bezieht und zugleich über IS, FI und OKK normative Gestaltungsvorschläge für die Realisierung der Beschränkungs- und Ermöglichungsfunktion von Moral macht. Es ist die kohärente Simultanität aller vier Governancestrukturen, die die ethische Dimension einer gegebenen Transaktion und deren Steuerungsfunktion konstituiert und in der gesellschaftlichen Praxis realisiert. In diesem Zusammenspiel können sich die Voraussetzungen jeder moralischen Praxis, nämlich moralische Motivation (Scham, Empörung, Streben nach Achtung, Legitimität und Realisierungsmöglichkeit) und moralische Befähigung (Wille, positive Anreize, Ressourcen, Organisationsstrukturen) miteinander verbinden. Mit einem Satz: Es ist die Kohärenz der Governance sozialen Handelns selbst, die den moralischen und ethischen Anspruch der Governanceethik als einer starken Tugendethik ausmacht.

10. Fragen nach der Normativität oder Ethik einer Gesellschaft zielen immer auf das Gemeinsame ihrer Akteure. Die Einheit und Integration moderner Gesellschaften liegt nicht in einer ganzheitlichen Sinnstiftung, sondern im Gelingen der Simultanität und strukturellen Kopplung der Kategorien und der Governance der fragmentierten und temporalisierten Transaktionen einer Gesellschaft. Die Bereitschaft und Fähigkeit individueller und kollektiver Akteure, dies als gesellschaftliche Gestaltungsaufgabe zu verstehen und zu realisieren: darin besteht das Wesen der Tugend der Governance.

Literaturverzeichnis

Alchian, A.A./Demsetz, H. (1972): Production, Information Cost, and Economic Organization. In: American Economic Review, 62. Jg., S. 777-795.

Aoki, M. (2001): Toward a comparative institutional analysis. Cambridge: MIT Press.

Arena, R./Longhi, Ch. (Hg.) (1998): Markets and Organizations. Berlin: Springer.

Aristoteles: Politik. O. Gigon (Hg.), München/Zürich: Artemis 1971.

Aristoteles: Nikomachische Ethik. O. Gigon (Hg.), München/Zürich: Artemis 1967.

Badura, J. (2002): Ethischer Kohärentismus. In: Düwell, M./Hübenthal, C./ Werner, M.H. (Hg.): Handbuch Ethik. Stuttgart/Weimar, S. 199-205.

Barney, J.B. (1991): Firm Resources and Sustained Competitive Advantage. In: Journal of Management, 17. Jg., S. 99-120.

Barzel, Y. (1989): The economic analysis of property rights. Cambridge University Press, Cambridge.

Barzel, Y. (1998): The state and the diversity of third party enforcers. Paper presented on the second annual conference of the International Society for New Institutional Economics, Paris, Sept. 1998.

Behrent, M. (2003): Citizens in der Weltarena. In: Behrent, M./Wieland, J.: Corporate Citizenship und strategische Unternehmenskommunikation in der Praxis. München/Mering: Hampp.

Behrent, M. (2004): Werte in der strategischen Kommunikation. In: Wieland, J. (Hg.): Handbuch Wertemanagement. Hamburg: Murmann.

Berger, P.L./Luckmann, Th. (1972): Die gesellschaftliche Konstruktion der Wirklichkeit. Frankfurt a.M.: Fischer.

Beschorner, Th. et al. (2005): Wirtschafts- und Unternehmensethik – Rückblick, Ausblick, Perspektiven. München/Mering: Hampp.

Biervert, B./Wieland, J. (1987): Der ethische Gehalt ökonomischer Kategorien – Beispiel: Der Nutzen. In: Biervert, B./Held, M. (Hg.): Ökonomische Theorie und Ethik. Frankfurt/Main: Campus.

Biervert, B./Wieland, J. (1990): Sozialphilosophische Grundlagen ökonomischen Handelns. Frankfurt a.M.: Suhrkamp (gemeinsam mit K. Held).

Blasi, G. (1984): Moral identity: Its role in moral functioning. In: Gewirtz, J./ Kurtines, W. (Hg.): Morality, moral behavior, and moral development. New York: Wiley.

Brennan, G./Pettit, P. (2004): The Economy of Esteem. Oxford: Oxford University Press.

Buchanan, J.M. (1994): „Rational Choice and Moral Order." In: Vanberg, Viktor (1994): Rules and Choice in Economics. London: Routledge.

Burns, T. (1961): Micropolitics. Mechanisms of Institutional Change. In: Administrative Science Quarterly, 6. Jg. Nr. 3, S. 257-281.

Chandler, A.D. (1962): Strategy and Structure. Chapters in the History of the Industrial Enterprise. Cambridge: Harvard University Press.

Chandler, A.D. (1977): The Invisible Hand: The Managerial Revolution in the American Business. Cambridge: Harvard University Press.

Chandler, A.D. (1990): Scale and Scope: The Dynamics of Industrial Capitalism. Cambridge: Harvard University Press.

Commons, J.R. (1990): Institutional economics: its place in political economy (Reprint der Ausg. von 1934). New Brunswick: Transaction Publishers.

Daily, C.M./Dalton, D.R./Cannella, A.A. (2003): Corporate governance: Decades of dialog and data. Academy of Management Review, 28. Jg., S. 371-382.

Dosi, G./Nelson, R.R./Winter, S.G. (eds.) (2000): The Nature and Dynamics of Organizational Capabilities. Oxford: Oxford University Press.

Dosi, G./Teece, D.J. (1998): Organizational Competencies and the Boundaries of the Firm. In: Arena, R./Longhi, C. (Hg.): Markets and Organization. New York, S. 281-301.

Edelstein, W./Nunner-Winkler, G./Noam, G. (Hg.): Moral und Person. Frankfurt a.M.: Suhrkamp.

Elster, J. (1992): Local Justice. How Institutions Allocate Scarce Goods and Necessary Burdens. Cambridge: Cambridge University Press.

Europäische Union: http://europa.eu.int/comm/governance/docs/doc5_fr.pdf

Fama, E.F./Jensen, M.C. (1983): Agency problems and residual claims. In: Journal of Law and Economics 26. Jg., S. 327-349.

Foss, N./Mahnke, V. (eds.) (2000): Competence, Governance, and Entrepreneurship. Oxford: Oxford University Press.

Freiberg, D./Lohrie, A. (2004): Nachhaltigkeitsmanagement in der strategischen Unternehmensentwicklung. In: Wieland, J. (Hg.): Handbuch Wertemanagement. Hamburg: Murmann.

French P.A. (1984): Collective and corporate responsibility. New York: Columbia University Press.

Frey B.S. (1997): Markt und Motivation. Wie ökonomische Anreize die (Arbeits-) Moral verdrängen. München: Vahlen.

Frey, B.S./Jegen R. (2001): Motivation crowding theory. In: Journal of Economic Surveys, 5. Jg. Nr. 5, S. 598-611.

Fussler, Cl. (2004): Raising the bar. Creating Value with the UN Global Compact. Greenleaf Publishing.

Fürst, M./Wieland, J. (2004a): WerteManagementSysteme in der Praxis. Erfahrungen und Ausblicke. In: Wieland, J. (Hg.): Handbuch Wertemanagement. Hamburg: Murmann, S. 595-640.

Fürst, M./Wieland, J. (2004b): Integrität in der Lieferantenbewertung – Konzeption und Umsetzung. In: Wieland, J. (Hg.): Handbuch Wertemanagement. Hamburg: Murmann, S. 391-416.

Fürst, M. (2005): Risiko-Governance – Die Wahrnehmung und Steuerung moralökonomischer Risiken. Marburg: Metropolis.

Fürst, V. (2004): Umweltpolitisches Regieren im Wandel. Zur Transformation von Staatlichkeit in weltmarktoffenen Staaten. Dissertation FU Berlin.

Geser, H. (1989): Interorganisationelle Normkulturen. In: Haller, M. et al. (Hg.): Kultur und Gesellschaft. Frankfurt a.M.: Campus.

Goulet, D. (1994): Material and moral incentives as economic policy instruments. In: Humanomics Barmarick Publ., 10. Jg., Nr. 1, S. 5-24.

Grüninger, St. (2001): Vertrauensmanagement – Kooperation, Moral und Governance. Marburg: Metropolis.

Hardin, R. (1990): Institutional commitment: Values or incentives? In: Benner, A./Putterman, L. (Hg.): Economics, Values and Organization. Cambridge: Cambridge University Press.

Hart, O. (1990): An economist's perspective on the theory of the firm. In: Williamson, O.E. (Hg.): Chester Barnard and the Incipient Science of Organisations. Oxford: Oxford University Press.

Hobbes, Th. (1651/1914): Leviathan, or the Matter, Forme and Power of a Common-Wealth, Ecclesiastical and Civil. London: Everyman's Library.

Hollender, J./Fenichell, St. (2004): What matters most. New York: Basic Books.

Homann, K. (1999a): Die Relevanz der Ökonomik für die Implementation ethischer Zielsetzungen. In: Korff, W. et al. (Hg.): Handbuch der Wirtschaftsethik, Band 1, Gütersloh: Gütersloher Verlagshaus.

Homann, K. (1999b): Die Legitimation von Institutionen. In: Korff, W. et al. (Hg.): Handbuch der Wirtschaftsethik, Band 2, Gütersloh: Gütersloher Verlagshaus.

Homann, K./Blome-Drees, F. (1992): Wirtschafts- und Unternehmensethik. Göttingen: Vandenhoeck & Ruprecht.

Hubig, Ch. (2001): Die Modellierung institutionellen Handelns im ökonomischen Bereich – Zur Frage nach den Adressaten einer Wirtschafts- oder Unternehmensethik. In: Wieland, J. (Hg.): Die moralische Verantwortung kollektiver Akteure. Heidelberg: Physica.

Jensen, M.C./Meckling, W.H. (1976): Theory of the Firm: Managerial Behavior, Agency Cost and Ownership Structure. In: Journal of Financial Economies, 3. Jg. Nr. 4, S. 305-360.

Jessop, R. (1997): The governance of complexity and the complexity of governance: preliminary remarks on some problems and limits of economic guidance. In: Amin, A./Hausner, J. (Hg.): Beyond Market and Hierarchy: Interactive Governance and Social Complexity. Cheltenham: Edward Elgar.

Kirchgässner, G. (1998): Bedingungen moralischen Handelns. In: Held, M./ Nutzinger, H. (Hg.): Institutionen prägen Menschen: Bausteine zu einer allgemeinen Institutionenökonomik. Frankfurt a.M.: Campus, S. 85-107.

Kleinfeld, A. (1998): Persona Oeconomica. Personalität als Ansatz der Unternehmensethik. Heidelberg: Physica.

Kohlberg, L. (1963): The development of children's orientations toward a moral order. In: Vita humana 6, S. 11-33.

Kohlberg, L. (1996): Die Psychologie der Moralentwicklung. Frankfurt a.M.: Suhrkamp.

Kohlberg, L./Candee, D. (1999): Die Beziehung zwischen moralischem Urteil und moralischem Handeln. In: Garz, D./Oser, F./Althof, W. (Hg.): Moralisches Urteil und Handeln. Frankfurt a.M.: Suhrkamp.

Kreps, D.M. (1997): Intrinsic Motivation and Extrinsic Incentives. American Economic Review, 42. Jg. Nr. 2, S. 359-364.

Küpper, W./Ortmann, G. (1988): Mikropolitik: Rationalität, Macht und Spiel in Organisationen. Opladen: Westdeutscher Verlag.

Lohrie, A./Merck, J. (2000): Social Accountability 8000 – Praktische Erfahrungen beim Otto-Versand. In: Bausch, Th. et al. (Hg.): Unternehmensethik in der Wirtschaftspraxis. München/Mering: Hampp.

Luhmann, N. (1987): Soziale Systeme. Grundriß einer allgemeinen Theorie. Frankfurt a.M.: Suhrkamp.

Luhmann, N. (1993): Gibt es in unserer Gesellschaft noch unverzichtbare Normen? Heidelberg: C.F. Müller.

Luhmann, N. (1997): Die Gesellschaft der Gesellschaft. Frankfurt a.M.: Suhrkamp.

Luhmann, N. (2000): Organisation und Entscheidung. Opladen: Westdeutscher Verlag.

Mandevillle, B. (1716/1924/1988): The Fable of the Bees, or: Private Vices, Public Benefits. Oxford: Clarendon Press (Reprint Liberty Classics).

Maring, M. (2001): Die Verantwortung von Korporationen. In: Wieland, J. (Hg.): Die moralische Verantwortung kollektiver Akteure. Heidelberg: Physica.

Marx, A. (1957/2003): Wirtschaftsethik. Mannheim: FBS-Schriftenreihe, Bd. 61.

Marx, K. (1844/1981): Ökonomisch-philosophische Manuskripte. In: MEW, Erg. 1. Teil, S. 550 f.

Noll, B. (2002): Wirtschafts- und Unternehmensethik in der Marktwirtschaft. Stuttgart/Berlin/Köln: Kohlhammer.

North, D.C. (1981): Structure and Change in Economic History. New York/London: Norton.

North, D.C. (1990): Institution, Institutional Change and Economic Performance. Cambridge: Cambridge University Press.

Nunner-Winkler, G. (2003): Ethik der freiwilligen Selbstbindung. In: Erwägen Wissen Ethik (EWE), 14. Jg. Nr. 4, S. 579-589.

OECD: www.oecd.org.

Opp, K.-D. (1997): Die enttäuschten Revolutionäre: politisches Engagement vor und nach der Wende. Opladen: Leske + Budrich.

Osterloh, M./Frey, B.S. (2000): Motivation, Knowledge Transfer, and Organizational Form. In: Organization Science, 11. Jg. Nr. 5, S. 538-550.

Paine, L.S. (2002): Value Shift. Why Companies Must Merge Social and Financial Imperatives to Achieve Superior Performance. New York et al.: McGraw-Hill.

Panther, St. (2004): Governanceethik als Wirtschaftsethik: Versuch des Weiterdenkens in kritischer Absicht. In: Wieland, J. (Hg.): Governanceethik im Diskurs. Marburg: Metropolis.

Penrose, E. (1959/1995): The Theory of the Growth of the Firm. Oxford: Oxford University Press.

Pierre, J. (2000): Debating Governance. Oxford: Oxford University Press.

Platon: Euthydemos. O. Gigon (Hg.), München/Zürich: Artemis 1960.

Platon: Gorgias. O. Gigon (Hg.), München/Zürich: Artemis 1974.

Power, C./Reimer, J. (1999): Die moralische Atmosphäre. Eine pädagogische Brücke zwischen moralischem Urteil und Handeln. In: Garz, D./Oser, F./Althof, W. (Hg.): Moralisches Urteil und Handeln. Frankfurt a.M.: Suhrkamp.

Priddat, B. (2001): Moral: Restriktion, Metapräferenz: Adjustierung einer Ökonomie der Moral. In: Wieland, J. (Hg.): Die moralische Verantwortung kollektiver Akteure. Heidelberg: Physica.

Priddat, B. (2004): Organisation und Sprache. In: Wieland, J. (Hg.): Governanccethik im Diskurs. Marburg: Metropolis.

Rawls, J. (1979): Eine Theorie der Gerechtigkeit. Frankfurt a.M.: Suhrkamp.

Rawls, J. (1993): Political Liberalism. New York: Columbia University Press.

Rawls, J. (2002): Geschichte der Moralphilosophie: Hume, Leibniz, Kant, Hegel. Frankfurt a.M.: Suhrkamp.

Rawls, J. (2003): Gerechtigkeit als Fairneß. Ein Neuentwurf. Hg. von E. Kelly. Frankfurt a.M.: Suhrkamp.

Rich, A. (1987/1990): Wirtschaftsethik, Bd. I und II. Gütersloh: Gütersloher Verlagshaus.

Rhodes, R.A.W. (2000): Public administration and governance. In: Pierre, J. (ed.): Debating governance. Authority, Steering and Democracy. Oxford: Oxford University Press.

Robins, L. (1932): An Essay on the Nature and Significance of Economic Science. London: MacMillan.

Scheler, M. (1916/2005): Der Formalismus in der Ethik und die materiale Werteethik. Gesammelte Werke, Band 2. Bonn: Bouvier.

Searle, J.R. (2005): What is an institution? In: Journal of Institutional Economics, Vol. 1, No. 1, S. 1-22.

Seebaß, G. (2001): Kollektive Verantwortung und individuelle Verhaltenskontrolle. In: Wieland, J. (Hg.): Die moralische Verantwortung kollektiver Akteure. Heidelberg: Physica.

Shleifer, A./Vishny, R. (1997): A Survey of Corporate Governance. In: Journal of Finance, 52. Jg., S. 737-783.

Snell, B. (1961): Poetry and Society. Blomington: Indiana University Press.

Snell, B. (1967): Das Bewußtsein von eigenen Entscheidungen im frühen Griechentum. In: Gesammelte Schriften. Göttingen: Vandenhoeck & Ruprecht.

Snell, B. (1975): Die Entdeckung des Geistes. Göttingen: Vandenhoeck & Ruprecht.

Sombart, W. (1987): Der moderne Kapitalismus, Band 2/1. München: DTV (Reprint 1902-1927/1987).

Stone, Ch.D. (1975): Where the Law Ends. The Social Control of Corporate Behavior. New York: Harper & Row.

Teece, D./Pisano, G./Shuen, A. (1997): Dynamic Capabilities and Strategic Management. In: Strategic Management Journal, 18. Jg. Nr. 7, S. 509-533.

The Prince of Wales Business Leaders Forum (Hg.) (1996): Business as Partners in Development: Creating Wealth for Countries, Companies and Communities. Report.

Tugendhat, E. (1993): Vorlesungen über Ethik. Frankfurt a.M.: Suhrkamp.

Ulrich, P. (2001): Integrative Wirtschaftsethik. Grundlagen einer lebensdienlichen Ökonomie. Bern/Stuttgart/Wien: Haupt.

UN (Hg.) (1995): Our Global Neighborhood. Report of the Commission on Global Governance. Oxford et al.: Oxford University Press.

Walzer, M. (1983): Spheres of Justice. A Defense of Pluralism and Equality. New York: Basic Books.

Werner, F. (2002): Vom Wert der Werte. Münster: Lit-Verlag.

Wieland, J. (1989): Die Entdeckung der Ökonomie. Kategorien, Gegenstandsbereiche und Rationalitätstypen der Ökonomie an ihrem Ursprung. Bern/Stuttgart: Haupt.

Wieland, J. (1990): Wirtschaftsethik als Selbstreflexion der Ökonomie. Die Mindestmoral im ökonomischen System und die Verantwortung für externe Effekte. In: Ulrich, P. (Hg.): Auf der Suche nach einer modernen Wirtschaftsethik. Bern/Stuttgart: Haupt.

Wieland, J. (1992): Adam Smiths System der Politischen Ökonomie. Die Emergenz des ökonomischen Systems der Moderne. In: Krohn, W./Küppers, G. (Hg.): Emergenz: Die Entstehung von Ordnung, Organisation und Bedeutung. Frankfurt a.M.: Suhrkamp.

Wieland, J. (1993a): Formen der Institutionalisierung von Moral in der Unternehmung. Die amerikanische Business-Ethics-Bewegung: Why and how they do it. Bern/Stuttgart: Haupt.

Wieland, J. (1993b): Stichwortartikel „Nutzen". In: Enderle, G./Homann, K./ Kerber, W. (Hg.): Handwörterbuch der Wirtschaftsethik. Wiesbaden: Gabler (gemeinsam mit B. Biervert).

Wieland, J. (1994): Organisatorische Formen der Institutionalisierung von Moral in der Unternehmung. Empirische Resultate, theoretische Reflexionen. In: Nutzinger, H.G. (Hg.): Aktuelle Probleme der Wirtschaftsethik II. Schriften des Vereins für Socialpolitik. Berlin: Duncker & Humblot.

Wieland, J. (1996): Ökonomische Organisation, Allokation und Status. Tübingen: Mohr Siebeck.

Wieland, J. (1997): Die neue Organisationsökonomik. Entwicklung und Probleme der Theoriebildung. In: Ortmann, G./Türk, K./von Sydow, J. (Hg.): Theorien der Organisation. Opladen: Westdeutscher Verlag.

Wieland, J. (1998a): Kooperationsökonomie. Die Ökonomie der Diversifität, Abhängigkeit und Atmosphäre. In: Wegner, G./Wieland, J. (Hg.): Formelle und informelle Institutionen der Ökonomie. Genese und Evolution. Marburg: Metropolis.

Wieland, J. (1998b): Co-opetition: Globalisierung und die Verantwortung der Unternehmen. In: Evangelischer Pressedienst (epd), Zeitschrift epd-Entwicklungspolitik 2, S. 16-21.

Wieland. J. (1998c): Globalisierung und rechtliche Verantwortung. Die Unternehmung als Akteur der Gesellschaft. In: Alwart, H. (Hg.): Verantwortung und Steuerung von Unternehmen in der Marktwirtschaft. Göttingen: Hamppe.

Wieland, J. (1999): Die Ethik der Governance. Marburg: Metropolis. 4. Aufl. 2005.

Wieland, J. (2000): Corporate Governance und Unternehmensethik. In: Mittelstrass, J. (Hg.): Die Zukunft des Wissens. 18. Deutscher Kongreß für Philosophie, Vorträge und Kolloquien. Berlin: Akademie-Verlag.

Wieland, J. (2001a): Die moralische Verantwortung kollektiver Akteure. Heidelberg: Physica.

Wieland, J. (2001b): Eine Theorie der Governanceethik. In: zfwu, Jahrgang 2, Heft 1, S. 8-33.

Wieland, J. (2001c): Business Codes. In: Smelser, N.J./Baltes, P.B. (Hg.): International Encyclopedia of the Social & Behavioral Sciences. Bd. 7, S. 4753-4756. Oxford: Elsevier.

Wieland, J. (2001d): Die Tugend kollektiver Akteure. In: Wieland, J. (Hg.): Die moralische Verantwortung kollektiver Akteure. Heidelberg: Physica.

Wieland, J. (2002a): Wertemanagement und Corporate Governance. In: Organisationsentwicklung, Nr. 4/2002, S. 84-90.

Wieland, J. (2002b): Die Governance kultureller Diversifität. In: Röttgers, K./ Koslowski, P. (Hg.): Transkulturelle Wertekonflikte. Theorie und wirtschaftliche Praxis. Heidelberg: Physica.

Wieland, J. (2002c): Corporate Citizenship. Gesellschaftliches Engagement – unternehmerischer Nutzen (hg. gemeinsam mit W. Conradi). Marburg: Metropolis.

Wieland, J. (2003a): ValuesManagementSystem^{ZfW}: A New Standard for Values Driven Management. In: Wieland, J. (Hg.): Standards and Audits for Ethics Management Systems – The European Perspective. Heidelberg: Springer.

Wieland, J. (2003b): Corporate Citizenship und strategische Unternehmenskommunikation in der Praxis. In: Wieland, J./Behrent, M. (Hg.): Corporate

Citizenship und strategische Unternehmenskommunikation in der Praxis. München/Mering: Hampp.

Wieland, J. (2004a): Governance und Simultanität – Wissen als kooperative und moralische Ressource. In: Wieland, J. (Hg.): Governanceethik im Diskurs. Marburg: Metropolis.

Wieland, J. (Hg.) (2004b): Handbuch Wertemanagement. Hamburg: Murmann.

Wieland, J. (2005): Corporate Governance, ValuesManagement and Standards. The European Perspective. In: Business & Society, 44. Jg. Nr. 1, S. 74-93.

Wieland, J./Becker, M. (2000): Methodologische Grundlagen der Neuen Organisationsökonomik. In: Beschorner, Th./Pfriem, R. (Hg.): Evolutorische Ökonomik und Theorie der Unternehmung. Marburg: Metropolis.

Wieland, J./Becker, M. (2004): Über das Verhältnis von Struktur und Kultur in der Neuen Organisationsökonomik. In: Blümle, G./Goldschmidt, N. et al. (Hg.): Perspektiven einer kulturellen Ökonomik (Reihe: Kulturelle Ökonomik, Bd. 1). Münster: Lit-Verlag.

Wieland, J./Fürst, M. (2002): WerteManagement – Der Faktor Moral im Risikomanagement. KIeM Working Paper Series No. 01, Konstanz.

Wieland, J./Fürst, M. (2004): Moral als Element der Good Corporate Governance in Banken. Zum Zusammenwirken von Corporate Governance und WerteManagementSystemen. In: Wagner, A./Seidel, Ch. (Hrsg.): Ethik in der Bankenpraxis. Frankfurt a.M.

Wieland, J./Fürst, M. (2005): Moralische Güter und Wertemanagementsysteme in der Naturkostbranche. In: Lautermann, Ch./Pfriem, R./Wieland, J./Fürst, M./Pforr, S. (Hg.): Ethikmanagement in der Naturkostbranche. Marburg: Metropolis.

Wieland, J./Grüninger, St. (2000): EthikManagementSysteme und ihre Auditierung: Theoretische Einordnung und praktische Erfahrungen. In: Bausch, Th./Kleinfeld, A./Steinmann, H. (Hg): Unternehmensethik in der Wirtschaftspraxis. München/Mering: Hampp.

Williams, R. (2000): The politics of corruption. Cheltenham: Elgar.

Williams, B. (2002): Truth and Truthfulness. Princeton University Press.

Williamson, O.E. (1981): The Economics of Organization: The Transaction Cost Approach. American Journal of Sociology, 87. Jg. Nr. 3, S. 548-577.

Williamson, O.E. (1984): Corporate Governance. In: Yale Law Journal 93. Jg., S. 1197-1231.

Williamson, O.E. (1985): The Economic Institutions of Capitalism. New York: The Free Press.

Williamson, O.E. (1990): Organization Theory: From Chester Barnard to the Present and Beyond. New York: Oxford University Press.

Williamson, O.E. (1993a): Transaction Cost Economics and Organization Theory. In: Industrial and Corporate Change, 2. Jg. Nr. 2, S. 107-156.

Williamson, O.E. (1993b): The Evolving Science of Organization. Journal of Institutional and Theoretical Economics, 149. Jg. Nr. 1, S. 6-63.

Williamson, O.E. (1996): The Mechanisms of Governance. New York/Oxford: Oxford University Press.

Williamson, O.E. (2000): Strategy Research: Competence and Governance Perspectives. In: Foss, N./Mahnke, V. (eds.) (2000): Competence, Governance, and Entrepreneurship. Oxford et al.: Oxford University Press.